Christel Langlotz · Bela Bingel

Kinder lieben Rituale

Kinder im Alltag mit Ritualen
unterstützen und begleiten

Illustrationen von Vanessa Paulzen

Ökotopia Verlag, Münster

Impressum

Autorinnen: Christel Langlotz, Bela Bingel
Illustratorin: Vanessa Paulzen
Lektorin: Barbro Garenfeld
Satz: Hain-Team, Bad Zwischenahn
ISBN: 978-3-86702-042-8

© 2008 Ökotopia Verlag, Münster

1 2 3 4 5 6 7 8 9 10 • 13 12 11 10 09 08

Ausgeschieden

Inhalt

Warum Rituale mit Kindern? 4

Wie Rituale unseren Alltag bereichern 6

Zum praktischen Umgang mit Ritualen 8

Wichtige Hinweise zu diesem Buch 10

Traumzeiten 11
Mit Ritualen den Wechsel zwischen Schlafen und Wachen begleiten

Singen als kraftvolles Ritual 22

Vom Montagmorgenkreis zum Freitagscafé 23
Mit Ritualen die Woche gestalten

Jede Jahreszeit ist ein Geschenk 33
Rituale im Jahreskreislauf

Mahlzeiten sind kostbare Begegnungen 62
Ritualen halten Leib und Seele zusammen

Abschied nehmen, trauern und Trost finden 68
Rituale erleichtern das Loslassen

Yoga mit Kindern 80
Heilsame Rituale für die innere und äu

Wertschätzung macht Mut 83
Entwicklungsschritte feiern

Gemeinschaft entwickeln 95
Mit Ritualen das Zusammenleben gestalten

Von der Wut, vom Neinsagen und Versöhnen 2
Die Kraft der Wut konstruktiv nutzen

Anhang
Register 123
Literaturhinweise 125
Die Autorinnen / die Illustratorin 127

Warum Rituale mit Kindern?

Das Spiel, das mir am meisten Spaß bringt, heißt *Das Leben wunderbar machen*.
Marshall Rosenberg

Liebe Leserinnen und Leser,

gibt es etwas, das Sie jeden Morgen als erstes tun, um gut in den Tag zu kommen? Eine kalte Dusche oder ein heißer Kaffee? Wir sind oftmals überrascht, wie viele kleine ritualisierte Handlungen sich bei genauerer Betrachtung in unserem Alltag finden. Oder gehören Sie zu den Menschen, die behaupten würden, Rituale hätten keine Bedeutung in Ihrem Leben? Vielleicht denken Sie bei Ritualen zuerst an etwas Exotisches, etwa Stammeskulte mit bunt maskierten Tänzern, die bei wilder Trommelmusik in Trance fallen. Möglicherweise haben Sie aber selbst schon gute Erfahrung mit Ritualen im Kinderalltag gesammelt und wünschen sich neue Anregungen.

Als Rituale bezeichnen wir bewusst wiederholte Vorgehensweisen. Mit ihrer Hilfe lassen sich das Leben und besonders der Alltag mit Kindern bewusster gestalten. Rituale leben von der Wiederholung, sie rhythmisieren Zeit und schaffen dadurch Struktur und Raum. Mit ihnen können wir gezielt eine Alltagskultur prägen. Hier ein Beispiel:

Trubeliger Aufbruch zu Hause: Erst ist der Schuh verschwunden, dann fehlt die Mütze, außerdem muss seine Schwester noch schnell zur Schule gebracht werden ... Nach einer hektischen Verabschiedung betritt Julian den Gruppenraum seines Kindergartens. In der Mitte ist wie immer ein Tuch ausgebreitet. Darauf liegen Steine und eine Karte. Auf dem Tuch steht eine Kerze. Doch heute ist es anders als sonst. Die Kerze ist die einzige Lichtquelle im Raum und verbreitet eine besondere Stimmung. Außerdem riecht es irgendwie feierlich.

Julian ist ein bisschen aufgeregt. Er hat sich vorgenommen, heute Morgen als Erster zu erzählen. Den „Stein der Rede" hält er schon fest in der Hand und spürt, wie er langsam warm wird. Das tut gut. Als der Gong erklingt, fällt ihm ein, dass sie ja immer zuerst alle singen und er atmet tief durch. In diesem Augenblick sieht er etwas Goldenes von der Decke blitzen, eine Schnur mit lauter bunten Päckchen. Jetzt versteht er und ist plötzlich nur noch in freudiger Erwartung: Die Adventszeit hat begonnen und damit auch das tägliche Ritual, im Morgenkreis ein kleines Geschenk auspacken zu dürfen ...

Rituale begleiten das ganze Leben

Kinder wünschen sich Wiederkehrendes. Sie haben oft einen besonderen Zugang zu Ritualen und fordern sie geradezu ein. Es ist wichtig für sie, dass Dinge auf die gleiche Art und Weise immer wieder getan werden. Nutzen Sie diese Freude kleiner Kinder, um gemeinsam durch Wiederkehrendes gute Gewohnheiten aufzubauen! Feste Gewohnheiten aus der Kindheit prägen das ganze spätere Leben.

Dieses Buch enthält Rituale für Kinder, es ist aber auch ein Geschenk an Erwachsene. Seit Urzeiten und überall auf der Welt suchen Menschen in Ritualen Unterstützung und Halt. Besonders für die Zeiten einschneidender Veränderungen, von der Geburt eines Kindes bis hin zum Tod, wurden in allen Kulturen so genannte „Übergangsrituale" entwickelt. Sie markieren diese Schnittstellen im Leben und helfen uns, dadurch bewusst eine Zäsur zu setzen, um Altes abzuschließen und Neues beginnen zu können.

Auch Kinder sind von den großen Übergängen im Leben betroffen, z. B. wenn ein Geschwisterchen geboren wird oder wenn die Großeltern sterben. Mit diesem Buch möchten wir vor allem dazu beitragen, auch die kleineren Übergänge im Alltag mit Kindern bewusster wahrzunehmen und zu gestalten. Es soll dazu ermutigen, die eigene Wahrnehmung zu schärfen und zu verstehen, wann und wie ein Ritual Kindern sinnvolle Unterstützung bieten kann. Besonders wichtig ist das in Zeiten des Umbruchs, in denen Kinder mit viel Neuem konfrontiert werden, wie in familiären Trennungssituationen, Umzug, Neuanfang im Kindergarten und in der Schule.

Die folgenden Kapitel geben Anregungen für Rituale und Feste im Kreislauf eines Jahres, um uns bewusst mit den Geschenken jeder Jahreszeit, mit Wandel und Wachstum zu verbinden. Sie erzählen von den Übergängen im Laufe einer Woche, vom Wechsel von der Familienzeit zu der Zeit im Kindergarten, vom Einstieg in den Tag, mit Ritualen für Zuhause und im Morgenkreis. Sie geben Impulse für die Gestaltung der Mahlzeiten, vermitteln heilsame Rituale und solche, die Mut machen. Auch sensible Themen wie der konstruktive Umgang mit schwierigen Emotionen (z. B. Wut) und die tröstliche Gestaltung von Abschiedsritualen haben in diesem Buch ihren Platz.

Rituale tragen sowohl dazu bei, kritische Situationen besser zu bewältigen, als auch das Leben zu feiern!

Mit Ritualen heben wir hervor, was uns im Leben wichtig ist.

Rituale leben von der Wiederholung. Sie bergen das große Potential, unserem Leben eine sinnvolle Ausrichtung zu geben. Das reicht von der Wertschätzung kleiner Begebenheiten bis hin zu der Gestaltung großer Ereignisse.

Die Grundfrage – auch für den Umgang mit diesem Buch – könnte lauten: Was möchte ich bewusst in meinem Alltag kultivieren? Diese Frage stellt sich in besonderer Weise, wenn es um die Gestaltung des Alltags mit Kindern geht. In diesem Zusammenhang werden wir uns selbst bewusst, was uns wichtig ist und welche Werte wir als Eltern und als PädagogInnen vermitteln wollen.

Ziel dieses Buches ist es zu zeigen, wie wir mit Hilfe von Ritualen Kinder in ihrer Entwicklung unterstützen können. Durch Rituale eröffnen wir Erlebnisräume, in denen Kinder bestimmte Erfahrungen machen können. Mit Ritualen, die bewusst Werte kultivieren, stärken wir Kinder. Sie dienen Kindern zur Orientierung und Hilfestellung, um sich die Welt vertraut zu machen und schrittweise anzueignen.

Wir laden Sie mit dieser Lektüre ein, Rituale und ihre Einsatzmöglichkeiten mit Kindern neu in den Blick zu nehmen. Wir möchten Sie dazu inspirieren, sich für neue Erfahrungen mit Ritualen zu öffnen, sie auszuprobieren, abzuwandeln und selbst neue Rituale zu entwickeln.

Dank

In dieses Buch ist der Erfahrungsreichtum vieler Eltern und ErzieherInnen eingeflossen. Die Vielfalt persönlicher Erfahrungen und unterschiedlicher pädagogischer Richtungen, z. B. Montessori, Waldorf, Situationsansatz etc. hat dieses Buch zu einer Schatztruhe gemacht.

Für die Unterstützung, die konstruktiven Anregungen und das freizügige Teilen vieler wunderschöner Rituale möchten wir an dieser Stelle allen InterviewpartnerInnen unseren herzlichen Dank aussprechen.

Wir wünschen Ihnen viel Spaß und Inspiration dabei, gemeinsam mit Kindern das Leben wunderbar zu machen.

Christel Langlotz und Bela Bingel

Wie Rituale unseren

*R*ituale wirken auf unterschiedlichen Ebenen und lassen sich in vielen Bereichen einsetzen. Der folgende Überblick vermittelt einen Eindruck von dieser Vielfalt. Sie finden hier konkrete Anregungen, wie und wann Sie Rituale zur Unterstützung in Ihrem Alltag einsetzen können.

Krisenbewältigung

In Krisenzeiten können Rituale ...

* schwierige Übergangsphasen des Lebens begleiten und erleichtern.
* erfahrbar machen, dass wir Situationen bzw. Emotionen nicht zwangsläufig ausgeliefert sind.
* es ermöglichen, unliebsame Muster zu durchbrechen, Energien zu kanalisieren und einen „entschärften Ausdruck" (z. B. für Emotionen wie Wut) zu finden.
* uns helfen, unabwendbare Situationen oder Sachverhalte anzunehmen.
* uns unterstützen, problematische Themen zu benennen.
* uns helfen, Gefühle auszudrücken und mit anderen zu teilen.
* einen neuen Zugang zu einer schwierigen Situation ermöglichen und die Perspektive verändern.
* aus einer Stagnation wieder ins Handeln führen.

Wandel

Rituale können in Zeiten des Wandels ...

* Umbruchssituationen bewusst machen und das Nachdenken über Veränderungen unterstützen.
* Veränderungen Ausdruck verleihen, um bewusst etwas Altes zu verabschieden und etwas Neues zu beginnen.
* Kinder gezielt in ihrer Entwicklung unterstützen.

Orientierung

Rituale schaffen Orientierung, indem sie ...

* Orientierungspunkte am Tag, in der Woche und im Jahr setzen, auf die wir uns verlassen können.
* gerade in verunsichernden Situationen als sichere Anhaltspunkte Halt geben (z. B. in Anfangssituationen oder bei viel Trubel).

Rhythmus und Struktur

Rituale bringen Rhythmus und Struktur in unser Leben, indem sie ...

* den Ablauf eines Tages gliedern und so bei den vielen alltäglichen Übergängen (z. B. Aufstehen, Verabschieden) helfen.
* die Woche strukturieren und so zu einer ausgewogenen Balance der Aktivitäten beitragen.
* den Zyklus eines Jahres durch verlässlich wiederkehrende Feste und bewusstes Begrüßen der Jahreszeiten begreifbar machen.
* Kontinuität und Wandel erfahrbar machen.
* ein Gefühl für Rhythmus vermitteln und dadurch Freude an Struktur wecken.

Gemeinschaft

Rituale fördern Gemeinschaft, indem sie ...

* durch die gemeinsame Erfahrung oder auch die gemeinsame Auseinandersetzung mit einem Thema ein Gefühl von Solidarität und Zusammenhalt vermitteln.
* uns helfen, mit anderen Menschen in Beziehung zu treten und dadurch Verbindung zu schaffen.

Identität

Rituale wirken identitätsstärkend, indem sie ...

* uns helfen, ein Gefühl für die persönliche Identität bzw. die Identität einer Gruppe zu entwickeln und auszudrücken.

Wertevermittlung

Rituale vermitteln Werte, indem sie ...

* auf spielerische Art und Weise für Kinder Werte praktisch erfahrbar machen.
* Achtsamkeit, Freude und Dankbarkeit kultivieren.
* Erfahrungen mitmenschlichen Umgangs (Teilen, Fürsorge, Versöhnung) im Alltag verankern.
* uns täglich mit der Frage in Kontakt bringen: Was ist wichtig und wertvoll im Leben?
* uns herausfordern, die eigenen Wertvorstellungen zu benennen und die anderer anzuerkennen.

Wertschätzung

Rituale bringen Wertschätzung in unser Leben, indem sie uns dazu veranlassen, ...

Alltag bereichern

- uns Zeit zu nehmen, etwas in seinem Wert zu schätzen, ihm Bedeutung zu geben, etwas Ausdruck zu verleihen.
- Achtsamkeit im Alltag zu lernen.
- den Raum für die Dinge, die uns wichtig sind, zu sichern.
- Kinder selbst wertzuschätzen und Kindern einen wertschätzenden Umgang mit sich und ihrem Umfeld zu vermitteln.

Körper / Sinne / Heilung
Rituale fördern sinnliche Erfahrung und Heilung, indem sie …
- alle Sinne ansprechen und uns mit dem eigenen Körper in Kontakt bringen.
- uns helfen, einen achtsamen und pflegenden Umgang mit dem eigenen Köper zu erlernen und zu kultivieren (Rituale der Gesundheitspflege und zur Stärkung der Selbstheilungskräfte).

Natur
Durch Erfahrungen in und mit der Natur können Rituale …
- uns in Kontakt mit der Natur bringen.
- unsere Wahrnehmung für die Natur und ihre Kreisläufe vertiefen (z. B. jahreszeitliche Veränderungen).
- uns helfen, ein Gespür für einen verantwortungsvollen Umgang mit den Ressourcen zu entwickeln.

Soziale Kompetenz
Rituale stärken die soziale Kompetenz, indem sie uns helfen, …
- Freude daran zu entwickeln, Verantwortung zu übernehmen.
- bewusster und klarer zu kommunizieren.
- Notwendiges positiv zu gestalten und dadurch leichter auszuführen (z. B. spielerische Aufräum- / Putzrituale).

Gesprächskultur
Rituale ermöglichen eine lebendige Gesprächskultur, indem sie uns unterstützen, …
- Gesprächsebenen, -zeiten und -orte zu schaffen (z. B. gemeinsame Mahlzeiten, Stab der Rede).
- uns untereinander auszutauschen.
- eine eigene Meinung zu vertreten.
- Gefühle zu äußern.
- eine eigene Sprache zu finden (z. B. durch ein abendliches Erzählritual).
- zuhören zu lernen.

Beständigkeit
Rituale lehren uns Beständigkeit, indem wir …
- durch kontinuierliche Aufmerksamkeit, Wiederholung und Übung schrittweise Fähigkeiten entwickeln (z. B. bei der Pflege eines Gartens oder dem Erlernen eines Musikinstrumentes).
- durch ihre Regelmäßigkeit positive Gewohnheiten aufbauen.

Sicherheit
Rituale vermitteln ein Gefühl von Sicherheit, indem …
- sie durch den Charakter der Wiederholung Vertrauen schaffen.
- sie einen festen Rahmen im Alltag bieten (z. B. durch Morgen- und Abendrituale).
- man etwas immer leichter und selbstverständlicher tun kann (Zähneputzen, sich entschuldigen, verzeihen).

Freiräume
Rituale schaffen Freiräume, …
- da nicht jeder Situationsablauf täglich neu erfunden, diskutiert und definiert werden muss.
- indem sie ein Heraustreten und Innehalten im Alltag ermöglichen.
- indem sie uns helfen, uns Zeit zu nehmen für Besonderes.

Feiern
Mit Ritualen feiern wir das Leben, indem wir …
- einen offenen Blick entwickeln für Anlässe zum Freuen und Feiern: von kleinen Entwicklungsschritten über Geburtstagsfeiern bis hin zu Jahreszeitenfesten.
- Formen finden, Anerkennung und tiefe Freude auszudrücken und miteinander zu teilen und damit lernen, Dankbarkeit zu kultivieren.
- besonders im Rahmen religiöser Feste Werte und Überzeugungen des Glaubens erfahrbar machen.

Zum praktischen Umgang mit Ritualen

Die eigene Schatztruhe wiederentdecken

Wenn Sie über Rituale nachdenken, hilft es, sich an die Erfahrungen der eigenen Kindheit zu erinnern. Kommen Sie darüber auch mit Eltern und Großeltern ins Gespräch. Was lässt sich aus Ihrer Kindheit als Schatz wiederentdecken und „heben"?

* Was haben Sie selbst als positiv und wertvoll erlebt?
* Welche dieser Schätze möchten Sie an Kinder weitergeben?
* Welche Werte möchten Sie vermitteln?
* Was sollen Kinder lernen und wie sollen sie lernen, z.B. eine eigene Meinung zu vertreten, sich zu entschuldigen, die Natur zu entdecken und wertzuschätzen, zuzuhören oder Freude daran zu haben, etwas zu verschenken?

Eigene Orientierung und Austausch mit anderen

Der Umgang mit Ritualen fordert dazu heraus, sich mit den eigenen Überzeugungen, Lebens- und Glaubenshaltungen auseinander zu setzen. Das Buch will dazu motivieren, im Kindergarten-Team, in der Familie, in der Partnerschaft und mit den Kindern ins Gespräch zu kommen:

* Was möchten wir mit Hilfe von Ritualen zum Ausdruck bringen?
* Was ist uns gemeinsam wichtig und wertvoll?
* Welche unterschiedlichen Vorstellungen und Werte haben wir?
* Wie wollen wir daraufhin das Alltägliche und das Besondere gestalten?

Alte Rituale überprüfen — neue gestalten

Sich über den Einsatz von Ritualen immer wieder Gedanken zu machen kann helfen, Übernommenes zu hinterfragen und gemeinsam mit Kindern, KollegInnen und PartnerInnen Neues auszuprobieren. Schauen Sie sich Ihre Rituale in Kindergarten, Familie und Schule einmal unvoreingenommen an:

* Welche Rituale sind aus Ihrem Alltag nicht wegzudenken, weil Sie den besonderen Charakter Ihrer Einrichtung oder Familie ausmachen?
* Handelt es sich bei manchen Ritualen nur um eine Pflichtveranstaltung oder eine eingeschliffene Gewohnheit?

Einige Rituale bedürfen vielleicht dringend der Wandlung. Halten Sie Rituale offen und überprüfen Sie immer wieder ihre Stimmigkeit. Wenn sie nicht mehr passen, z.B. weil sich das Alter und die Bedürfnisse der Kinder verändert haben, ist es an der Zeit, gemeinsam etwas Neues zu entwickeln.

Geeignete Rituale finden

Es gibt kein allgemeingültiges Rezept für den Einsatz von Ritualen. Ihre Erfahrungen, die Bedürfnisse der Kinder und die besonderen Situationen sind die Basis, auf der über das Wann und Wie von Ritualen entschieden werden kann. Lassen Sie sich von Ihren persönlichen Wünschen, Fähigkeiten und Erfahrungen leiten, wenn es um die Auswahl und Gestaltung eines Rituals geht. Folgende Fragen können dabei wichtig sein:

* Wofür brauche ich Unterstützung, z.B. um eine bestimmte Entwicklung zu fördern, eine Fähigkeit zu stärken oder ein bestimmtes Verhalten (z.B. beim Essen) zu verändern?

- In welchen Situationen können Rituale mir helfen?
- Welche positiven Auswirkungen wünsche ich mir?
- Welche Situationen und Übergänge möchte ich bewusster gestalten als bisher und welche Hoffnungen auf einen gelingenden Alltag sind damit verknüpft?

Wichtig ist auch, ob es um die Bedürfnisse der ganzen Gruppe bzw. Familie oder um das individuelle Bedürfnis eines einzelnen Kindes geht. So kann es z. B. beim Schulanfang sowohl ein Ritual in der Schule als auch ein individuelles zu Hause geben. Auch kann es sein, dass jedes Kind in einer Familie ein anderes Einschlafritual braucht.

Wir wollen Sie zu einem flexiblen und kreativen Umgang mit Ritualen anregen. Rituale sollen in *Ihrem* Familien- oder Gruppenalltag sinnvoll und praktizierbar sein.

Rituale mit Kindern „erfinden" und planen

Besonders wirkungsvoll sind Rituale, wenn Kinder an der Planung beteiligt werden und nicht nur Konsumenten sind. Zum einen wird die Erfahrung intensiver und dadurch anders greifbar, welcher Sinn in Ritualen liegt. Zum anderen spüren sie, dass sie ernst genommen werden, dass ihre Meinung zählt und ihre Ideen zum Gelingen beitragen. Ein Ritual gemeinsam zu „erfinden" ist eine Gelegenheit, einmal ganz genau hinzuschauen, nachzufragen und ein Thema gemeinsam zu erforschen. Bereits die gemeinsame Planung eines Rituals kann große Wirkung zeigen: Probleme werden angesprochen, Grenzen neu definiert, neue Rollen ausprobiert und die Gemeinschaft gestärkt. Wiederkehrende Streitsituationen zu immer gleichen Anlässen (z. B. Aufräumen, ins Bett gehen) können Motivation sein, gemeinsam ein konstruktives Ritual einzuführen.

Rituale erfordern einen achtsamen Umgang miteinander

Ziel von Alltagsritualen ist es nicht, zu reglementieren und Routinen zu schaffen, sondern sinnstiftende Handlungen zu kreieren, die für alle Mitwirkenden bedeutsam sind. Behalten Sie dabei im Blick, dass Rituale auch als Machtmittel missbraucht werden können. Die deutsche Geschichte zur Zeit des Nationalsozialismus führt deutlich vor Augen, wie manipulativ sich Rituale und Symbole einsetzen lassen. Vielleicht haben Sie auch unangenehme Erinnerungen an Familienrituale aus Ihrer Kindheit, die Sie als starr, aufgesetzt oder als soziale Kontrolle erlebt haben. Aus solchen negativen Erfahrungen resultiert oft eine Abwehrhaltung gegen Rituale aller Art. Auch vor diesem Hintergrund ermuntern wir zu einem kritischen Blick und einem sensiblen Umgang mit dieser Thematik. Seien Sie wachsam in Hinblick auf das Abhängigkeitsverhältnis zwischen Kindern und Erwachsenen: Dienen Rituale unter Umständen nur der Disziplinierung der Kinder, sollen sie bloß die Abläufe der Institution sichern oder werden damit Konflikte unter den Teppich gekehrt? Überprüfen Sie immer wieder, ob sich noch alle mit den Ritualen wohlfühlen und ob sie noch ihrem ursprünglichen Sinn gerecht werden.

Rituale vermitteln religiöse und kulturelle Wertvorstellungen

Rituale sind Ausdruck des Glaubens und der Lebensphilosophie von Menschen mit unterschiedlichem religiösem Hintergrund und verschiedenen kulturellen Erfahrungen und Werten. Sie geben Einblick in den kulturellen und religiösen Alltag einer vielfältigen Gesellschaft. Schon im Kindergarten treffen Kinder aus diesen verschiedenen, auch durch die Familien individuell geprägten Lebenswelten aufeinander. Das ist eine Herausforderung, aber auch eine große Chance.

Im Rahmen dieses Buches können wir angesichts dieser komplexen Thematik nur begrenzt Möglichkeiten des interkulturellen Lernens aufzeigen. Dennoch möchten wir mit den Beispielen einiger christlicher und islamischer Feste zu einem kreativen Umgang mit verschiedenen Kulturen in Kindergarten und Schule beitragen. Denn gerade Feste ermöglichen Kindern in besonderem Maße Erfahrungen auf der Ebene des Erlebens. Über diese sinnlichen Eindrücke, z. B. das Erlernen von Liedern in einer fremden Sprache, das Kennenlernen traditioneller Tänze und natürlich das Kochen und Kosten von Speisen, entwickeln Kinder Verständnis und Toleranz für andere Kulturen. Außerdem lässt das Erleben des Anderen und Fremden sowohl Erwachsene als auch Kinder die Frage noch einmal neu stellen: Was macht *meine* Kultur aus, welche typischen Rituale gibt es in meinem Herkunftsland und in meiner Familie? Lassen Sie sich anregen, in Ihrer Einrichtung den verschiedenen Kulturen und Religionen der Kinder durch entsprechende Feste und Rituale Raum, Gehör und Aufmerksamkeit zu verschaffen. So kann die oft verborgene Alltagsrealität der Kinder lebendig werden und zu gegenseitigem Interesse und Verständnis in einer kulturell vielseitigen Gesellschaft beitragen.

Wichtige Hinweise zu diesem Buch

Zielgruppe des Buches
Das Buch richtet sich an alle Menschen, die mit Kindern Alltag bewusst gestalten wollen, insbesondere ErzieherInnen, SozialpädagogInnen und LehrerInnen, Eltern und Großeltern. Manche Rituale sind nur für die Familie, manche für pädagogische Einrichtungen, viele für beide Bereiche anwendbar.

Altersangaben
Das Buch verzichtet auf Altersangaben, da der Entwicklungsstand der Kinder, die individuellen Voraussetzungen und die pädagogischen Ansätze ausschlaggebend sind. Es ist deshalb nötig, von Fall zu Fall zu überprüfen, welche Rituale für welche Kinder sinnvoll sind. Viele Rituale können altersgemäß gestaltet bzw. abgewandelt werden.

Textrahmen
Sie finden in diesem Buch verschiedene Sorten von hervorgehobenen Texten: Zum einen Rahmen mit einer stichpunktartigen Zusammenfassung bekannter Rituale (z. B. zum Einschlafen). Zum anderen solche mit übergeordneten Ritualen, die häufig und unterschiedlich einsetzbar sind (z. B. Singen).

Literaturempfehlungen
Kinderbücher zum Vorlesen zu den einzelnen Themen finden Sie am Ende eines jeden Kapitels, Fachbücher am Ende des Buches.

Traumzeiten

Mit Ritualen den Wechsel zwischen Schlafen und Wachen begleiten

Am Morgen und am Abend meistern Kinder den Wechsel zwischen Realität und Traumwelt, zwischen Aktivsein und Entspannen. Dieser immer wiederkehrende Rhythmus ist im Alltag oft eine große Herausforderung. Am Abend gilt es, den Tag mit seinen Erlebnissen, Freuden und Sorgen loszulassen, sich zu entspannen, vielleicht noch etwas loszuwerden oder sich zu versöhnen. Gefühle des Angenommenseins und der Geborgenheit sind am Abend sehr wichtig. Auch am Morgen erleben Kinder besondere Emotionen. Die Nacht mit ihren speziellen Bewusstseinszuständen wirkt nach, in den Morgen hinein.

Dieses Kapitel handelt davon, wie der stetige Wechsel zwischen Tag und Nacht, zwischen Schlafen und Wachsein mit Kindern gestaltet werden kann. Am Morgen tragen Rituale dazu bei, eine Form zu finden, die allen hilft, gut in den Tag zu kommen. Eine verlässliche Struktur und ausreichend Zeit reduzieren den morgendlichen Stress und Zeitdruck. Am Abend ist das Einschlafen in vielen Familien ein schwieriges Thema: Eltern und Kinder sind erschöpft, auf Eltern wartet vielleicht ein Berg Arbeit, während die Kinder weiterhin Aufmerksamkeit einfordern und u. U. zum Leidwesen der Eltern noch einmal richtig aufdrehen. Es ist nicht immer leicht herauszufinden, ob Kinder einfach nur noch nicht ins Bett wollen, weil sie nichts verpassen möchten, oder ob sie aus besonderen Gründen angespannt sind. Möglicherweise können sie nicht zur Ruhe kommen, weil sie noch etwas beschäftigt, das sie loswerden wollen, oder weil sie ihre Tageserlebnisse noch nicht verarbeiten oder besprechen konnten. Auch wenn Zeit und Geduld am Abend knapp bemessen sind, lohnt es sich, das Ende des Tages mit verlässlicher Zuwendung für die Kinder in Form von Ritualen zu beschließen. Für das Einschlafen gibt es keine Geheimrezepte, die garantiert immer gelingen, aber Abendrituale und ihre vertraute Wiederholung erleichtern den Übergang vom Wachzustand in den Schlaf. Sie helfen, loszulassen und sich dem Schlaf anzuvertrauen. Auch zur Mittagszeit können Rituale das Einschlafen unterstützen.

Mit Ritualen den Tag beginnen

Am Morgen bewältigen Kinder den Übergang vom Schlaf- in den Wachzustand. Jedes Kind braucht etwas anderes: Während die einen von Anfang an „da" sind, brauchen die anderen noch eine Zeit zum Träumen und müssen mit viel Einfallsreichtum aus dem Bett gelockt werden.

Guten Morgen! Weckrituale

- leise Musik erklingen lassen, ein Guten-Morgen-Lied am Bett singen
- die Vorhänge öffnen, Geräuschkulisse in Kinderzimmer oder Küche erzeugen
- Kind sanft streicheln, kraulen, kurze Aufwachmassage
- am Bett erzählen, was der Tag bereithält und wie das Wetter ist
- Kind aus dem Bett heben und noch eine Weile auf dem Arm halten
- größere Geschwister wecken kleine oder umgekehrt
- Stofftier oder Handpuppe wecken
- Tee, Wasser oder ein Stück Apfel zur Aufmunterung ans Bett bringen

Träume erzählen oder malen

Das Erzählen von Träumen erleichtert Kindern den Übergang vom Schlafen zum Wachsein. So können sie in der Nacht Erlebtes besprechen und an die Ereignisse des kommenden Tages anknüpfen. Interessant sind für Kinder auch die Träume der Eltern, Geschwister oder ErzieherInnen.

Im Kindergarten können Träume gemalt (oder geknetet) werden, falls sich die Kinder daran erinnern; alternativ malen die Kinder, was sie gerade beschäftigt.

- Im Stuhlkreis erzählt jedes Kind, das möchte, von seinem Traum.
- Material bereitstellen, mit dem Kinder ihre Träume darstellen können (z. B. bunte Knete, Farben und Papier).
- Nach der Kreativzeit beschreiben die Kinder, was ihre Bilder bedeuten.

Ausgedachte Träume erzählen

Im „magischen Alter" von zwei bis fünf Jahren lieben Kinder es auch, ausgedachte Träume zu erzählen, denn im Traum ist alles möglich: Ein grüner Hase fährt mit dem Nikolaus um die Wette Schlitten oder das Rumpelstilzchen hat nachts einen Kuchen aus Gummibärchen gebracht. Ausgedachte Träume sind häufig fantasievoll und lustig und erzählen eine ganz eigene Geschichte von dem Kind und seiner Erlebniswelt. Ein Gespräch darüber ist immer interessant. Die Geschichten sollten wertgeschätzt werden, gerade weil sich Traum, Wünsche und Fantasie vermischen.

Schlechte Träume gut zu Ende führen

Wenn ein Kind etwas Schlechtes geträumt hat, ist es sehr hilfreich in einem Tagtraum den schlechten Traum gut zu Ende zu führen. Durch Fragen animiert, kann das Kind sich selbst eine gute Lösung und einen positiven Ausgang für seinen Traum ausdenken, z. B.: „Stell dir vor, du könntest den Traum noch einmal mit einem guten Ende träumen, wie würde das aussehen?"

Kleiderstraße

Am Vorabend suchen Eltern und Kinder gemeinsam die Kleidung für den nächsten Tag aus, dann gibt es morgens weniger Diskussionen. Eine „Kleiderstraße" in der Reihenfolge des Anziehens zu legen, erleichtert die Prozedur am Morgen.

Arbeitsteilung am Morgen als Bild

Gut sichtbar für alle wird ein Bild mit den morgendlichen Aufgaben der Kinder und Eltern an die Wand gehängt. Auf der Kinder-Seite steht z. B. Anziehen, Frühstücken, Zähne putzen etc., auf der Eltern-Seite: Wecken, Frühstück zubereiten usw. Eine weitere Rubrik beinhaltet alle Vorbereitungen am Abend: Schulranzen oder Kindergartentasche packen, Tisch decken usw. (→ S. 26, Wochengestaltung).

Rituale für eine Zeit der Ruhe am Mittag

Zu einem wohltuenden Rhythmus des Tages gehören Pausen. Besonders nach dem Mittagessen empfiehlt es sich, eine Zeit zu gestalten, in der Kinder zur Ruhe kommen, um für die zweite Hälfte des Tages Kraft zu tanken: Hilfreich sind vorlesen oder malen, leise ruhige Musik im Hintergrund hören, Bücher ansehen, eine Zeit lang in der Kuschelecke ausruhen und leise etwas erzählen oder flüstern.

Mandalas legen oder ausmalen mit den Ruhekindern

Mandalas dienen der Meditation und fördern Konzentration und Kreativität. Sie sind deshalb auch besonders für unruhige Kinder geeignet. Mandalas symbolisieren besonders in der hinduistischen und buddhistischen Religion Einheit und göttliche Ordnung. Sie finden sich auch im Christentum (Rosettenfenster in Kirchen) und in der Kunst des Islam.

Material: Schachtel, kleine Schätze je nach Jahreszeit (z. B. Steine, Blumen, Blätter, Kastanien, Tannenzapfen), 1 kreisrundes Stück Stoff, ruhige Musik, evtl. Teelicht, Teller
Vorbereitung: In einer Schachtel sammeln die Kinder Schätze aus der Natur je nach Jahreszeit. Auch Gebasteltes, Sterne oder Symbole, Glastropfen o. Ä. werden dort aufbewahrt.

Auf einem kreisrunden Stück Stoff legen die Ruhekinder bei entspannender ruhiger Musik gemeinsam ein Mandalabild. In der Mitte kann ein Teelicht auf einem Teller stehen. Alle flüstern nur. Ein Kind nach dem anderen legt einen Gegenstand, ein Blatt oder eine Blüte dazu, bis das Mandala fertig ist.

„Stillekiste"

Für Zeiten der Stille und des ruhigen Spielens wird eine besondere Kiste oder ein Regal mit geeignetem Spielmaterial angelegt. Dort finden die Kinder Bilderbücher, Puzzle, Mandalablätter und Stifte, Webrahmen u. Ä.

Entspannung am Mittag

Entspannung kann als regelmäßiges tägliches oder wöchentliches Ritual fest eingeplant werden. Wichtig ist eine ruhige Atmosphäre in einem geschützten Raum, möglichst wenig Störungen von außen, angenehme Licht- und Luftverhältnisse, Teppichboden, Matten oder Matratzen. In der Vorbereitung wird der Raum abgedunkelt, eine Kerze angezündet und nur noch geflüstert.

Eine Traumreise erzählen

Traumreisen sind kleine (selbst erfundene oder vorgelesene) Geschichten, die Kinder durch ihre sinnlichen Bilder in eine andere Welt locken und sie entspannen lassen.

Bitten Sie die Kinder, es sich auf dem Boden mit Matten, Decken und Kissen gemütlich zu machen und die Augen zu schließen. Erzählen Sie eine ruhige und fantasievolle Geschichte, die die Kinder in eine andere Welt entführt, z. B. von einem Spaziergang durch einen Wald, in dem es zauberhafte Dinge gibt. Zur Einstimmung und zum Ausklang der Geschichte erklingt leise Meditationsmusik. Die Kinder setzen sich langsam auf und erzählen, was sie erlebt haben, oder malen, was sie gesehen haben. Nicht nur Konkretes wie Häuser oder Menschen, sondern auch Gefühle können als Farbe oder Form gemalt werden.

Kleines Schlafritual am Mittag

Vor dem Mittagsschlaf gibt es noch einiges zu tun: Zähneputzen, gemeinsames Ausbreiten der Matratzen und Decken, Vorhänge zuziehen und eine Geschichte vorlesen. Rituale zum Mittagschlafen können sich an die Abendrituale anlehnen, sollten aber kürzer und unkomplizierter sein. Auch beim Mittagsschlaf helfen Kissen, Decken und Kuscheltiere und Ruhe im ganzen Haus / in der ganzen Wohnung, um sich entspannen zu können. Meditationsmusik, Duftlampe und ein Schlaflied schaffen eine schläfrige Atmosphäre.

Kurz vor dem Einschlafen brauchen auch die Stofftiere noch ein Bett. Die Erzieherin fragt: „Zu wem darf heute der Elefant?" Sie geht von einem Kind zum nächsten, deckt es zu und streicht ihm über den Kopf. Eventuell werden auch kurz die Füße massiert.

Um einen sanften Übergang nach dem Schlaf zu ermöglichen, darf das erste wache Kind zur gegebenen Zeit Musik zum Aufwachen anstellen (➜ S. 18, Einschlafrituale am Abend).

Objekte zum Träumen basteln

Damit Kinder am Abend den Schlaf zulassen können, hilft es ihnen zu wissen, dass sie nicht allein sind, dass jemand auf sie aufpasst, dass sie ihre Sorgen loswerden können. Oft wirkt schon ein Kuscheltier (manchmal muss es auch ein ganzer Zoo sein) Wunder für ein entspanntes Dahindämmern. Andere Wesen helfen, Vertrauen auch in die Welt der Nacht zu entwickeln. Der Engel ist ein jahrhundertealtes Symbol für Geborgenheit. In den indianischen Traumfängern verfangen sich die schlechten Träume, die guten und schönen werden zum Schlafenden durchgelassen. Kleine lateinamerikanische Püppchen haben ein offenes Ohr für die Sorgen von Kindern und Erwachsenen.

Schutzengel

Für Kinder ist die Figur des Engels ein möglicher Zugang zum Thema Vertrauen und Geborgenheit. Der Engel wacht in der Nacht über den Schlaf und die Träume.

Die Verehrung von Engeln reicht weit ins 15. Jahrhundert zurück. In den christlichen Religionen gelten Engel als schützende und bewahrende Geistwesen, die Gott und den Menschen nah sind. „Fürchtet euch nicht!", ruft der Engel den Hirten auf dem Feld zu, die den Stern von Bethlehem erblicken.

Material: bunter Karton, weiße Federn, Wolle, Engelshaar, Glitzerstaub und -sterne, Kleber, Stifte, Schnur

Engel auf Pappe übertragen und ausschneiden. Gesicht, Hände und Füße sowie das Kleid des Engels aufmalen und gestalten. Haare und Federn (als Flügel) ankleben. Über das Bett hängen.

Duftkissen mit Kräutern

Das Kräuterkissen abends im Backofen oder auf der Heizung wärmen und ins Bett legen. Es verbreitet eine beruhigende und sinnlich-entspannte Stimmung.

Material: verschiedene bunte Baumwollstoffe, Stecknadeln, Nähnadeln und -faden, getrocknete Kräuter (z. B. Lavendel, Melisse, Thymian, Rose, Rosmarin, Kamille, Minze, Salbei, Anis)

Gekaufte oder im Garten geerntete Kräuter (auf Papier oder auf einem Tablett ausgebreitet) gerade so lange an einen warmen Ort legen, bis sie trocken sind, damit die Duftstoffe erhalten beleiben. Mit der Hand oder der Nähmaschine kleine Kissen (10 x 10 cm) nähen und mit den Kräuterblüten oder -blättern (ohne Stiele) füllen. Wenn es mehrere Kräuter gibt, kann sich jedes Kind seine eigene Duftmischung zusammenstellen.

Traumfänger der Indianer Nordamerikas

Der Traumfänger symbolisiert ein Spinnennetz, in dem böse Träume hängen bleiben und nur die guten zum Träumenden hindurch kommen. Am Morgen werden die eingefangenen Träume von der Morgensonne „gelöscht".

Material: Ring aus Weidenzweigen, Holz oder Metall, Woll- oder Baumwollfaden, Lederband, Perlon-Schnur oder reißfestes Garn, Perlen, Federn, Kleber

Genaue Bastelanleitungen finden Sie in vielen Büchern und im Internet.

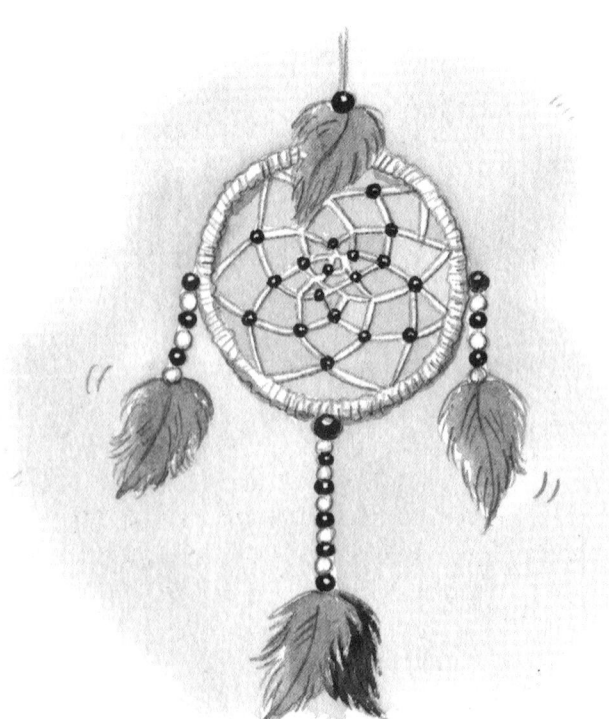

Sorgenpüppchen

Dieses magische Ritual stammt aus Südamerika: Drei oder vier kleine „Sorgenpüppchen" wohnen in einem Täschchen. Sie hören sich die Sorgen von Kindern und Erwachsenen an, kümmern sich um sie und mildern sie über Nacht. Am Abend vor dem Einschlafen wird jedem Püppchen eine Sorge anvertraut, dann werden sie unter das Kopfkissen gelegt.

Material: Basteldraht, bunte Wolle oder Stopfgarn, Stoffreste, Nadel, Faden, Papier, Kleber, Schere; evtl. 1 Streichholzschachtel, Filzstifte

* Den Basteldraht so zurechtbiegen, dass ein kleines Gestell für ein Püppchen mit zwei Armen, zwei Beinen, dem Körper und dem Kopf entsteht.
* Das obere Ende des Püppchens mit einem Streifen Papier umwickeln, so dass ein Kopf entsteht.
* Ab dem unteren Papierende (Hals) umwickelt man den ganzen Körper dicht mit verschiedenfarbiger Wolle oder Stopfgarn.
* Das Gesicht aufmalen und einige Wollfädchen als Haare ankleben.

Variante
Traditionell wohnen die Püppchen in einem kleinen Stoffbeutelchen oder in einer kleinen Schachtel, die ebenfalls gestaltet werden können.

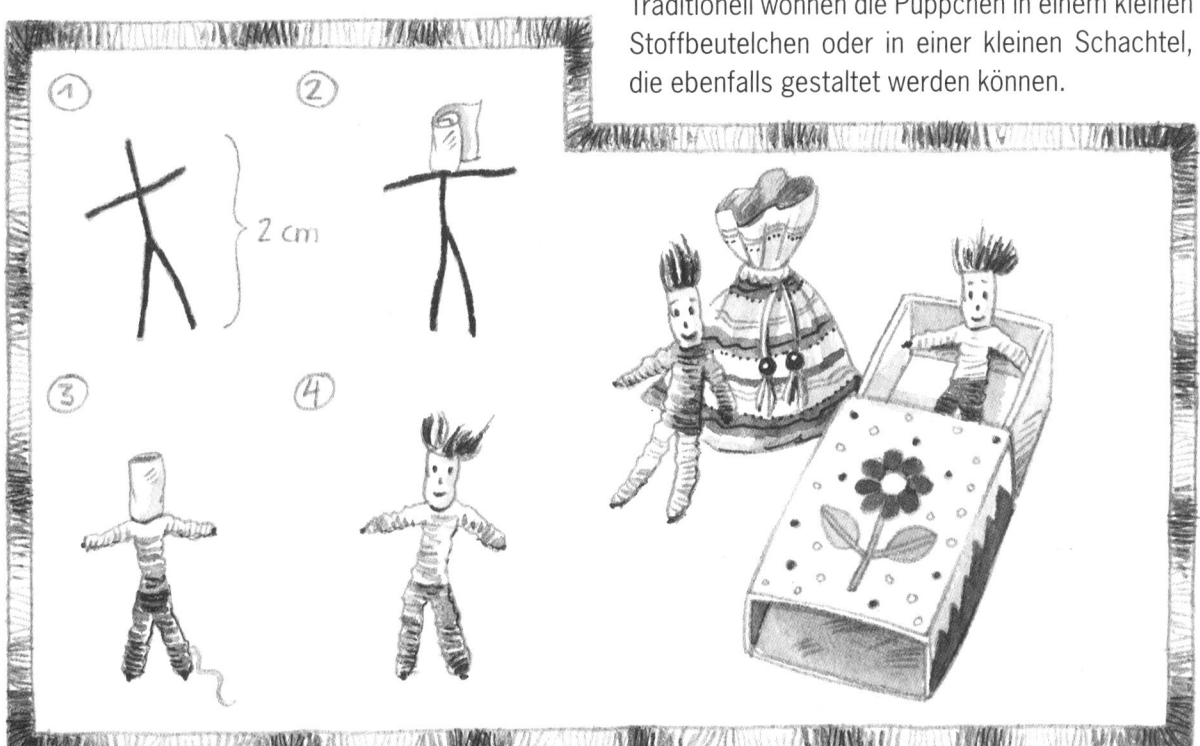

Kinder in den Nachtschlaf begleiten

Die Zeit vor dem Einschlafen am Abend bietet die Gelegenheit, über den vergangenen und den kommenden Tag nachzudenken und herauszufinden, was die Kinder beschäftigt. Singen, Vorlesen, Erzählen, Kuscheln und zur Ruhe Kommen stehen im Mittelpunkt der Einschlafrituale. Dabei ist es wichtig, den Ablauf des Einschlafrituals möglichst gleich zu gestalten. Gab es am Tag Streit, unbedingt vor dem Schlafen versöhnen.

Hilfen für das Einschlafritual am Abend

* Bereits eine halbe Stunde vor dem Zubettgehen Ruhe einkehren lassen, Streit, aufregende Aktivitäten oder Themen vermeiden.
* Gedimmtes Licht, eine entspannende Musik u. Ä. setzen das Signal: Jetzt geht's ins Bett.
* Kindern im Rahmen des täglichen Ablaufs Wahlmöglichkeiten einräumen: Welches Lied, welche Geschichte wünschst du dir? Ältere Kinder gestalten den Ablauf mit.

Einschlafrituale am Abend

- **Aufräumen:** Äußere Ordnung schafft auch Ruhe und Klarheit.
- **Leibliches Wohl:** Einen Schluck Wasser trinken, das Fenster öffnen und frische Luft herein lassen.
- **Stofftiere:** Das Stofftier zu Bett bringen und zudecken, Schmusetiere und Kuscheldecken im Bett zurechtlegen, die beim Einschlafen trösten und beschützen.
- **Streicheleinheiten:** Entspannungsmassage, Gemälde auf den Rücken malen (Buchstaben, einfache Bilder), das Kind errät, was es ist; manche Kinder lieben es auch, durchgekitzelt zu werden und können trotzdem einschlafen, Gesicht in beide Hände nehmen oder Handflächen aneinander reiben und sanft auf die Augen des Kindes legen.
- **Wiegen:** Kind in der Wolldecke schaukeln.
- **Wärme:** (Nicht nur) im Winter das Bett mit einem Kirschkernkissen oder einer Wärmflasche mollig aufwärmen oder den Schlafanzug auf die Heizung legen. Das Zubettgehen wird auf diese Weise um einiges wohliger.
- **Wünsche:** Einen Wunsch für den nächsten Tag oder für einen Traum äußern, Wünsche an den Schutzengel formulieren, andere, z. B. kranke Kinder in die Wünsche einbeziehen.
- **Heute und Morgen:** Den zurückliegenden oder den kommenden Tag miteinander besprechen: Was war das Schönste an diesem Tag? Worauf freust du dich morgen? Gemeinsam an etwas Schönes denken, sich eine schöne Situation genau vorstellen.
- **Wertschätzung des Tages:** Was hat dir heute besonders gefallen? Was hat dir an dir selbst gefallen? Was hast du gut gemacht?
- **Monster vertreiben:** Einige Kinder wollen abends mit einem Ritual die Ängste der Nacht vertreiben: dem Monster mit einer Bewegung Sand in die Augen streuen, damit es nichts mehr sieht, laut klatschen, das mögen Monster ebenfalls nicht, Fenster öffnen und klatschen, Monster wegpusten. Zur Vertreibung böser Geister kann auch ein angenehmer Duft helfen, der mit einem Zauberspruch verbreitet wird.
- **Danken und Bitten:** Jeden Abend etwas benennen, worüber wir uns freuen. Ein Ritual der Wertschätzung kann auch das „Danke" an das Kind sein: Danke, dass es dich gibt! Danke für den vergangenen Tag mit dir und die Bitte für eine gute Nacht und den nächsten Tag.
- **Sorgen besprechen:** Vielleicht liegt dem Kind noch etwas auf der Seele, das es vor dem Einschlafen besprechen will. Der Schutzengel bekommt noch eine besondere Aufgabe oder dem Sorgenpüppchen werden einige Sorgen anvertraut.
- **Gute Nacht sagen:** Aus dem Fenster schauen und dem Mond, den Sternen, Bäumen, Blumen, Autos Gute Nacht sagen.
- **Licht:** Kerze ausblasen, Kind darf Licht selbst löschen, kleines Licht anlassen, Licht dimmen.
- **Musik:** Singen, ein Lied anhören oder Summen, Spieluhr.

Wo schlafen Bärenkinder

Musik und Text: Hans Baumann

1. Wo schlafen Bärenkinder?
In Höhlen schlafen sie.
Im Dunkeln geborgen
bis weit in den Morgen,
so träumen und schlafen sie.

2. Wo schlafen Entenkinder?
Im Freien schlafen sie.
In Federn geschmiegt
und von Wellen gewiegt,
so träumen und schlafen sie.

3. Wo schlafen Hasenkinder?
Im Grase schlafen sie.
In Mulden versteckt,
bis der Hunger sie weckt,
so träumen und schlafen sie.

4. Wo schlafen Mäusekinder?
In Winkeln schlafen sie.
In heimlichen Gängen,
in die Wurzeln hängen,
so träumen und schlafen sie.

5. Wo schlafen Vogelkinder?
In Nestern schlafen sie.
In Wiesen und Wäldern,
in Gärten und Feldern,
so träumen und schlafen sie.

6. Wo schlafen Menschenkinder?
Im Bettchen schlafen sie.
Schlaf auch du geschwind
wie ein Murmeltierkind,
ja, schlaf gut bis morgen früh.

Die Nachtfee

Am Abend fällt es Ben meistens nicht leicht einzuschlafen. Er erlebt so viel und kann sich deshalb nicht so recht auf das Entspannen und Schlafen einlassen. Nach dem Zähneputzen und Vorlesen darf er neuerdings die Nachtfee ins Zimmer lassen. Das Fenster wird weit geöffnet und Ben spielt, dass er der frische kalte Nachtwind ist, der sich im Zimmer verteilt und herumwirbelt. Wenn der ganze Raum mit frischer Luft gefüllt ist, schlüpft die Nachtfee herein und bringt einen Traum für Ben. Was für ein Traum ist es heute, ein lustiger, ein spannender? Ben erzählt, was er gerne träumen würde. Gemeinsam mit dem Vater überlegt er, was im Traum passieren soll.

Geschichten zum Einschlafen

Das Vorlesen kurz vor dem Einschlafen geleitet die Kinder vom Wach- zum Traumzustand. Vorlesen ist entspannend und ein Vergnügen für Kinder in jedem Alter. Die Geschichten sollten nicht zu lang sein. Manche Kinder vertragen vor dem Einschlafen nichts Aufregendes mehr, andere wollen gerade etwas Gruseliges hören.

Yoga vor dem Einschlafen

Folgende Yogaübungen eignen sich besonders für ein abendliches Entspannungsritual, das vor dem Einschlafen bereits im Bett ausgeführt wird (ausführlich → ab S. 80).
* Linke Nasenlochatmung
* Spaghettientspannung
* Kuscheltieratmung

Mit Friedensangeboten den Tag beschließen

Mit der Last eines Streits oder etwas Unausgesprochenem sollte man abends nicht auseinandergehen. Das Versöhnen vor dem Einschlafen setzt einen Punkt hinter die Auseinandersetzung und ermöglicht einen entspannten Schlaf sowie einen Neubeginn am nächsten Morgen. Dazu gehört auch, dass Eltern ihre Kinder um Verzeihung bitten, wenn sie sich falsch verhalten oder ihr Kind verletzt haben (→ S. 121, Rituale zur Versöhnung).

Abendgebete und -gedichte

Ein wichtiges Ritual kann das allabendliche gemeinsame Beten sein. Das Zusammenlegen der Hände, der immer gleiche Rhythmus beim Sprechen und natürlich die Atmosphäre des Geborgenseins und Vertrauens in etwas Größeres, können dem Kind helfen, beruhigt den Tag loszulassen. Ein frei gesprochenes Gebet kann individuell auf die Erlebnisse des Kindes ausgerichtet sein: Danken für den zurückliegenden Tag und Bitten für das unmittelbar Bevorstehende.

In vielen Familien wird abends nicht gebetet, weil Eltern sich keiner Religion zugehörig fühlen. Dann bieten sich Gedichte und Reime zum Abend und zur guten Nacht an. Ob Gebet oder Gedicht: Eltern vermitteln ihr eigenes Vertrauen in das Aufgehobensein des Kindes.

Von guten Mächten wunderbar geborgen
Erwarten wir getrost, was kommen mag,
Gott ist mit uns am Abend und am Morgen
Und ganz gewiss an jedem neuen Tag.
Dietrich Bonhoeffer

Abendgedicht

Nun glänzt der helle Abendstern,
gut' Nacht ihr Lieben nah und fern,
schlaft ein in Gottes Frieden.

Die Blume schließt die Augen zu,
der kleine Vogel geht zur Ruh',
bald schlummern alle Müden.

Du aber schläfst und schlummerst nicht,
mein Schutzengel im Sternenlicht,
dir will ich mich vertrauen.

Oh hab auf mich, dein Kindlein, Acht,
lass mich nach einer guten Nacht
die Sonne fröhlich schauen.

Literaturempfehlungen für Kinder
- Anthony Browne (2006): Matti macht sich Sorgen. Oldenburg: Lappan Verlag.
- Sybille Günther (2002): Snoezelen. Traumstunden für Kinder. Münster: Ökotopia-Verlag. CD von Ralf Kiwit: Musik zur Entspannung und Gestaltung von Traumreisen.
- Sabine Seyffert (2006): Komm mit ins Regenbogenland. Phantasiereisen, Entspannungsrätsel und Gute-Nacht-Geschichten. München: Kösel Verlag. Auch als CD.
- Sabine Seyffert, Svetlana Loutsa (2006): Träume voller Sonnenschein. Entspannungsgeschichten und Spiele für Kinder ab 3. Würzburg: Edition Bücherbär, Arena-Verlag. Entspannungsgeschichten und Spiele auch auf CD.
- Sophie Härtling (2000): 24 Gutenachtgeschichten zum Vorlesen. Frankfurt a. M.: Fischer Verlag.

Tipp: Im Ökotopia-Verlag gibt es viele schöne Bücher zum Thema Entspannung mit Kindern.

Singen als kraftvolles Ritual

Menschen haben in allen Kulturen und zu allen Zeiten gesungen. Die Kraft des Gesangs wurde zur Anrufung der Götter eingesetzt, als beschwörende Bitte um Regen und Fruchtbarkeit und zum Dank für gute Ernten. In manchen Schöpfungsmythen wird sogar erzählt, dass die Erschaffung der Welt durch Gesang „hervorgerufen" wurde. Schamanen und Priesterinnen wussten schon damals um die Heilkraft des Singens für den Menschen und setzten Gesang gezielt bei Ritualen ein.

Heute ist wissenschaftlich erwiesen: Singen macht nicht nur Spaß, sondern fördert sowohl die psychische als auch die körperliche Gesundheit (z. B. Sprachentwicklung, Atmung, Konzentrationsfähigkeit, Selbstvertrauen, soziales Verhalten): besonders wenn es Kindern spielerisch und bewegungsorientiert vermittelt und etwa insgesamt 45 Minuten über den Tag verteilt wird.

Singen mit Kindern

Haben Sie einmal einem Kind beim selbstvergessenen Gesang gelauscht oder ist Ihnen stolz ein erstes Lied aus dem Kindergarten präsentiert worden? Gerade Kinder sind sehr empfänglich für den spielerischen Umgang mit Stimme und Körper. Tragen Sie mit dazu bei, dass der Kindergarten zu einem Ort wird, an dem die Kinder freudige Ersterfahrungen mit dem Singen machen. Fragen Sie auch in diesem Zusammenhang nach singfreudigen Eltern und Großeltern!

Lieder geben uns Kraft und machen Mut. Singen, besonders in Verbindung mit Bewegung und Tanz, kann Kindern helfen, ihren eigenen Rhythmus zu finden.

Sowohl im Kindergarten als auch in der Familie fördert Singen die Harmonie und den Zusammenhalt in der Gruppe. Wenn eine Kindergartengruppe z. B. ihr spezielles Lied hat, das regelmäßig gesungen wird, kann dies identitätsstärkend wirken. Das gilt auch für die Familie.

Ob tröstlicher Singsang, selbst erfundene Texte und Melodien, alte Volkslieder oder neue Kinderlieder: Schaffen Sie durch Rituale täglich feste Gelegenheiten zum Singen, z. B. …

* morgens, bevor alle Familienmitglieder in unterschiedliche Richtungen aus dem Haus streben: mit einem Guten-Morgen- oder Familienlied
* zwischendrin, um das Abwaschen oder Aufräumen zu versüßen
* zum Trösten
* abends zum Beruhigen, Loslassen und Einschlafen
* im Morgenkreis zum Ankommen: mit Begrüßungsliedern
* in jeder Anfangs- und Abschlusssituation im Kindergarten: zur Einstimmung und zum Ausklang
* beim Abschied zur Stärkung des Gruppengefühls, bevor alle auseinander gehen: mit Abschiedsliedern
* Singen auf Festen als Gemeinschaftserlebnis kann Brücken bauen über Grenzen des Alters, der Herkunft und der Kultur hinweg.

Wichtig: Stellen Sie die Freude am Singen in den Mittelpunkt (keine Konkurrenz, kein Leistungsdruck oder Singzwang) und vermeiden Sie abwertende Beurteilungen.

Vom Montagmorgenkreis zum Freitagscafé

Mit Ritualen die Woche gestalten

Viele verschiedene wiederkehrende Abläufe geben unserem täglichen Leben Halt und Struktur. Der Wechsel der Jahreszeiten und die Übergänge von Woche zu Woche erleichtern uns die Orientierung im Alltag und eröffnen zahlreiche Gestaltungsmöglichkeiten.

Dieses Kapitel befasst sich mit dem besonderen Rhythmus innerhalb einer Woche im Kinderalltag. Rituale begleiten die Übergänge von der Familienzeit zur Kindergarten- oder Schulzeit und von der Alltagswoche ins Wochenende. Wochenrituale helfen auch, die Woche selbst zu gestalten. Dabei gilt zu entscheiden:

* Welche Orientierungspunkte möchten Sie im Alltag setzen?
* Welche Übergänge bedürfen der besonderen Aufmerksamkeit?
* Wo helfen Rituale, einen verlässlichen Rahmen zu schaffen?
* Welche Zeiten sollten ganz bewusst gestaltet werden?

Fragen Sie sich als Eltern und im Team bei der Planung der Woche auch:

* Was möchten wir kultivieren?
* Welche Rituale sind dafür geeignet?

Vielleicht möchten Sie für bestimmte Aktivitäten und Erfahrungen Raum und Zeit sichern, weil sie besonders wichtig sind, z. B. Begrüßung und Abschied nehmen, Zeiten für Austausch und Raum zum Erzählen, Gelegenheiten für neue Erfahrungen, Zeiten für die Gruppe, für das freie Spiel und für Pausen usw. Unterschiedliche Erlebnisse und Erfahrungen gehören in einer organischen Mischung in den Kinderalltag: Musik machen und sich bewegen, spielen, lernen, produktiv sein, entspannen und zuhören.

Feste Wochenrituale bieten für diese Balance einen sicheren Rahmen und lassen gleichzeitig genug Raum für Gestaltung. Darüber hinaus helfen Rituale, den Wochentagen Themen oder Aktivitäten zuzuordnen. Kinder entwickeln dabei ein Gefühl für Zeit; sie wissen, dass sie sich auf wiederkehrende Ereignisse an festen Tagen verlassen und freuen können. PädagogInnen und Eltern erhalten Hilfen für die Gestaltung des Alltags, werden entlastet und müssen nicht jeden Tag neu erfinden. So entsteht für Kinder und Erwachsene ein wohltuender Rhythmus.

Den Montagmorgen bewusst gestalten

Der Wochenbeginn markiert den Wechsel vom Wochenende zum Alltag, vom kleineren Kreis der Familie zum größeren Kreis der Kindergartengruppe oder Schulklasse. Im Kindergarten und in den ersten Schulwochen der ersten Klasse ist er geprägt vom Kommen und Gehen der Eltern, die ersten Ankömmlinge wollen beschäftigt sein, die Neuen persönlich begrüßt werden. Unruhe ist unvermeidbar. Gestalten Sie diesen Übergang bewusst, um die unterschiedlichen Bedürfnisse der Kinder (z. B. größerer Bewegungsdrang durch Spannungszustände) in Erfahrung zu bringen. So kann der Morgen sowohl mit Toben und Bewegungsspielen, als auch mit Entspannung, Malen oder einer Geschichte beginnen.

Der Morgenkreis

Wenn die Kinder aus ihren unterschiedlichen Familiensituationen und Erlebniswelten aufeinander treffen, kann der morgendliche Kreis helfen, anzukommen und Vertrauen zu entwickeln. Dieses erste verlässliche Zusammenkommen führt die Gruppe wieder zueinander und stärkt ihre Identität. Der Morgenkreis ist ein wichtiges Ritual zu Beginn des Tages. Die Kinder berichten aus ihrer jeweils „anderen Welt", und der Kopf kann frei werden für Neues.

Rituale im Morgenkreis:

* *Anfang und Ende* des Morgenkreises mit einem Klang oder einem individuellen Lied der Gruppe markieren.
* *Begrüßung* anwesender Kinder, *Gedenken* Abwesender.
* *Erzählen* vom Wochenende und *Austausch* aller Neuigkeiten in der Kindergruppe.
* *Einstimmung* auf den gemeinsamen Tag, die Jahreszeit oder ein bevorstehendes Fest.
* *Wünsche* und *Bedürfnisse* erkunden und Aktivitäten planen.
* *Wiederkehrende und variable Elemente:* Was ist heute dran? Singen, Vorlesen, Erzählen und Planen, Spielen und Bewegen.

BACK-/KOCHTAG · MUSIKTAG · BASTELTAG · AUSFLUG · TURNEN

Begrüßungsritual

Die gegenseitige Begrüßung und Nennung des Wochentages in den Sprachen, die von den Kindern vertreten sind, zeigt die Wertschätzung gegenüber den verschiedenen Kulturen: *Good morning, Merhaba, Kalimera, Bonjour, Buenas días, Bon giorno* usw. Jeden Tag darf ein anderes Kind vorschlagen, in welcher Sprache und mit welcher Geste sich die Kinder begrüßen.

Der folgende Kanon „Guten Morgen", wird in vier Sprachen miteinander gesungen.

Guten Morgen

Redestab oder -stein

Dieses Gruppenritual indianischer Herkunft betont Achtsamkeit und Wertschätzung füreinander. Die Kinder setzen sich in einen Kreis. Ein schön gestalteter Stab (Holzstock mit geschnitzten oder aufgemalten Verzierungen, Lederbändern mit Perlen, Federn) oder ein angenehm in der Hand zu haltender Stein (z. B. Halbedelstein) oder auch ein kleines Tier wird herumgereicht. Das Kind, das gerade das Objekt der Rede bei sich hat, darf sprechen – die anderen hören zu. Als erstes wird immer der eigene Name genannt, auch wenn die Kinder sich schon kennen: „Ich bin Paul und mir geht es heute ..." Dieses Ritual ermöglicht jedem einzelnen die Erfahrung, selbst Raum einzunehmen, die eigenen Gefühle auszudrücken und zu spüren, was ich denke und fühle ist wichtig. Außerdem lernen die Kinder, anderen den gleichen Raum zuzugestehen, aufmerksam zuzuhören und nicht dazwischenzureden. Das ist aus beiden Perspektiven ein Lernprozess, der geübt sein will. Es kann spannend und berührend sein mitzuerleben, wie auch schüchterne Kinder sich langsam öffnen.

Wichtig: Es gibt keine Redepflicht. Man darf auch den Stein nehmen und schweigen oder einem Tier etwas ins Ohr flüstern, was man vielleicht noch nicht allen anvertrauen kann oder will.

Tipp: Dieses Ritual ist sehr gut geeignet für Einstimmungsrunden und zum Ausklang. Je nachdem, was Sie in Erfahrung bringen wollen, ob Stimmungseindrücke oder Kritik, können Sie fragen: „Wie geht es dir?", „Was hat dir gefallen, was hat dir nicht gefallen?" oder auch: „Worüber hast du dich heute schon gefreut?", um der Aufmerksamkeit der Kinder eine bestimmte Richtung zu geben.

Vom Wochenende erzählen

Die Bedeutung dieses Rituals liegt darin, eine Gesprächskultur mit den Kindern zu entwickeln und feste Zeiten für persönliches Erzählen zu schaffen: Was habe ich erlebt, woran denke ich, wie fühle ich mich?

Zur Einstimmung wird dreimal eine Klangschale oder ein Gong geschlagen.

Während jedes Kind von seinen Erlebnissen erzählt, kann ein Redestab oder -stein (→ S. 25) im Kreis herumgegeben werden. Fragen unterstützen die Lust der Kinder zu erzählen:

* Was bringst du mit vom Wochenende, was war schön, was war nicht so schön?
* Wie fühlst du dich im Moment?
* Welche Farbe oder Form, welche Pflanze oder welches Tier entspricht diesem Gefühl? Ein schläfriger Maulwurf, ein kuscheliges Murmeltier oder eher ein wutschnaubender Löwe?

Variante
Die Kinder wählen eine Handpuppe aus, die Fragen stellt.

Gemeinsam die Woche planen

Der Montagmorgen-Kreis ist auch der Ort für die gemeinsame Wochenplanung:
* Welche Besonderheiten erwarten uns?
* Kommt Besuch oder wird ein Fest gefeiert?
* Hat jemand Geburtstag oder ist jemand krank?
* Welche Wünsche haben die Kinder für die Woche?

Die Beteiligung der Kinder an den Entscheidungen macht Spaß und entlastet die ErzieherInnen.

Aufgaben verteilen

Der Morgenkreis dient auch dazu, Verantwortung zu teilen:
* Wer gießt den Kräutergarten auf der Fensterbank?
* Wer füttert die Tiere?
* Wer reißt das Kalenderblatt ab?
* Wer deckt den Tisch?

Die Aufgabenteilung sollte überschaubare Zeiträume umfassen. Für die Dokumentation verschiedener Verantwortlichkeiten eignet sich ein Rad mit beweglichem Pfeil oder ein Bild mit versetzbaren Fähnchen. Aufgabensymbole, aus Holz gebastelt, können an die Garderobe gesteckt werden, z.B. für Blumendienst, Fütterdienst, Tisch decken, Fegen usw.

Morgengruß oder Gruß an die Sonne

Diese Yogaübung eignet sich hervorragend, um morgens so richtig im eigenen Körper anzukommen. Der fließende Bewegungsablauf im gleichmäßigen Wechsel von Beugen und Strecken, von Ein- und Ausatmen unterstützt die Kinder darin, einen Rhythmus von Atmung und Bewegung zu finden. Neben der individuellen Körperwahrnehmung entsteht zugleich eine große gemeinsame Bewegung in der Gruppe (wichtige Yogatipps → S. 80).

1. Stelle dich mit geschlossenen Beinen aufrecht hin und lege die Hände vor der Brust aneinander.

2. Führe die Arme gestreckt über den Kopf und beuge dich sanft nach hinten.

3. Beuge dich mit gestrecktem Rücken und gestreckten Beinen nach vorne und versuche, mit den Handflächen den Boden zu berühren, Kopf Richtung Knie.

4. Mach mit dem rechten Fuß einen großen Schritt zurück. Die Hände und der linke Fuß bleiben auf dem Boden.

5. Setze nun auch den linken Fuß nach hinten neben den rechten und drücke dich zu einer Bergspitze durch. Füße, Fersen und Hände sind flach auf dem Boden.

6. Komm in den Vierfüßlerstand und mach einen Katzenbuckel. Dann wölbe deinen Rücken und schau nach oben.

7. Gleite zu Boden mit dem Kinn zwischen den Armen und richte den Oberkörper wie eine Kobraschlange auf, den Kopf nach hinten gebeugt.

8. Nimm den Kopf zurück und richte dich mit der Kraft aus Becken und Armen wieder zur Bergspitze auf (wie 5.).

9. Hol den rechten Fuß nach vorne zwischen deine Hände, das linke Knie am Boden, Kopf weit zurück.

10. Hol auch den linken Fuß nach vorne, Beine sind gestreckt, der Kopf in Richtung Knie.

11. Führe die Arme gestreckt über den Kopf und beuge dich sanft nach hinten (wie 2.).

12. Stelle dich mit geschlossenen Beinen aufrecht hin und bringe die Hände vor der Brust zusammen (wie 1.).

Übe den Sonnengruß möglichst mehrmals hintereinander. Beim letzten Durchgang in Position 12 atme tief ein, strecke deine Arme über den Kopf und spreize deine Finger wie Sonnenstrahlen. Atme aus und führe die Arme langsam an der Seite des Körpers nach unten. Schließe einen Moment die Augen und spüre die strahlende Kraft der Sonne in dir.

Kleines Perlenritual am Montag

Dieses Ritual veranschaulicht auch kleineren Kindern den Lauf der Zeit und ihr eigenes Alter. Jedes Kind zieht auf eine persönliche Perlenschnur eine große Perle für jedes Lebensjahr und eine mittelgroße für die Monate des laufenden Lebensjahres. Jeden Montag bekommt es eine kleine Perle dazu für die Woche. Am Anfang eines jeden neuen Monats werden die Wochenperlen gegen eine mittelgroße Perle für den neuen Monat eingetauscht. Wenn ein Kind Geburtstag hat, bekommt es eine neue Jahresperle hinzu.

Rituale zur Gestaltung der Woche

Thema der Woche

Aus einem Wochenthema ergeben sich viele verschiedene Aktionen wie von selbst:

* Basteln mit verschiedenen Materialien
* Spiele und Ausflüge in die Umgebung
* Nachschlagen in Büchern zum Thema
* Sammelaktionen
* Erkundungen
* Museumsbesuche
* Geschichten und Spiele.

Die Beschäftigung mit einem Thema über einen längeren Zeitraum macht Kindern Spaß, vertieft das Wissen und weckt Interesse an neuen Themen. Schön und sinnvoll ist es, das Wochenthema mit Jahreszeiten und entsprechenden Festen zu verknüpfen. Kinder entwickeln dann ein Gefühl für die Rhythmen des Jahres. Themen können auch über mehrere Wochen aktuell sein, z. B. ein „Märchenmonat" im Winter. Auf diese Weise lassen sich über das ganze Jahr Themenzyklen gestalten.

Hier sind ein paar Beispiele für Themenzyklen (→ auch S. 100):

* **Märchen der Woche:** Märchen lesen, nachspielen, malen, Bastelaktionen rund um das Märchen und die darin vorhandenen Figuren und Themen.
* **Tier der Woche:** Bilder betrachten, Lebens-, Schlaf- und Fressgewohnheiten nachschlagen, im Zoo beobachten, malen, basteln und Geschichten erzählen rund um das Tier.
* **Land der Woche:** Bilder betrachten, auf einer Weltkarte das Land suchen und die Hauptstadt mit entsprechender Flagge markieren, Spezialitäten des Landes kochen und essen, Feste, Produkte und Sehenswürdigkeiten erkunden, erste Wörter in der anderen Sprache lernen.
* **Körperteil der Woche:** Nach und nach den ganzen Körper von den Fußspitzen bis zu den Haaren entdecken. Beispiel Füße: Die eigenen Füße genau betrachten und mit Formen der anderen Kinder vergleichen, farbige Umrisse zeichnen, bunte Fußabdruckbilder, gegenseitige Fußmassage mit einem duftenden Öl, barfuß laufen oder über einen Tastparcours im Garten. Was kann ich mit den Füßen machen? Springen, Stampfen, Fersengang und Zehenspitzenlauf, einen Gegenstand von Fuß zu Fuß im Kreis herumgeben.

Varianten

Ein Buchstabe, eine Farbe, eine Baum- oder Vogelsorte, eine Blume oder ein Kraut, Obst oder Gemüse der Woche.

Jeder Tag ist anders: Rituale zur Gestaltung der Wochentage

Welcher Tag ist heute? Diese Frage beginnen Kinder etwa ab drei Jahren häufiger zu stellen. Sie nehmen wahr, dass jeder Tag mit besonderen Ereignissen verknüpft ist. Musik oder Turnen, der Bastel- oder Backtag, der Ausklang der Woche am Freitag oder die Familienzeit am Wochenende machen jeden Tag zu etwas Außergewöhnlichem. Nach und nach lernen auch kleine Kinder die Eigenheiten der einzelnen Tage zu verstehen und an ihnen mitzuwirken. Sie können Vorbereitungen treffen für eine Aktivität am nächsten Tag, sie legen z. B. die richtige Kleidung heraus oder das geeignete Material bereit.

In vielen Einrichtungen ist es üblich, den einzelnen Wochentagen wiederkehrende Aktivitäten zuzuordnen. Neben pädagogischen Gesichtspunkten und den Bedürfnissen von Kindern und Fachkräften entscheiden auch Personalbesetzung und organisatorische Überlegungen über den Wochenverlauf. Auch für die Gestaltung der Woche in der Familie sind Rahmenbedingungen bedeutsam. Die Arbeitszeiten der Eltern und die Termine der Kinder strukturieren jeden Tag anders, und manchmal sind damit auch besondere Anforderungen verbunden, z. B. besonders frühes Aufstehen an einem Tag oder – z. B. durch einen Termin am Nachmittag – ein volles Programm an einem anderen Wochentag.

Ein geplanter Wochenrhythmus soll den Kindern eine verlässliche Struktur bieten, die Betreuenden entlasten und Vorfreude auf den kommenden Tag wecken.

Heute ist „Naturtag"

Die Kinder freuen sich schon auf die Erkundungen im nahe gelegenen Stadtwald. Schon seit zwei Wochen beschäftigen sie sich mit dem Boden unter den Bäumen. Was passiert im Herbst mit dem Laub? Wachsen Pilze? Verstecken sich kleine Insekten im Gehölz? Zuerst haben die Kinder sich alles ganz genau angeschaut, Material gesammelt und kleine Tiere fotografiert. Dann haben sie mit Hilfe von Büchern herausgefunden, was sie gesehen haben. Sie wissen nun schon von der Bedeutung des Laubes für die Fruchtbarkeit des Bodens. Heute sehen sie sich Moos und Insekten unter der Lupe an und machen kleine Zeichnungen. Bald ist Projekttag, dann wollen die Kinder eine Ausstellung zu den Erlebnissen im Wald vorbereitet haben.

Besondere Tage

Einen Naturtag in der Woche einzurichten, ist nur eine von vielen Möglichkeiten, die Woche zu strukturieren. Neben den klassischen Musik-, Bewegungs-, Bücherei-, Wald-, Back-, Schwimmbad-, Matsch- oder Märchentagen kann auch an Folgendes gedacht werden:

* **Spielzeugfreier Tag:** Wenn das Spielzeug schläft und sich ausruhen muss, ist dies eine besondere Herausforderung für Kinder und PädagogInnen. Ein alternatives Programm aus kreativen Angeboten, Bewegung, Verkleiden oder Naturbeobachtungen schafft neue Erfahrungen.
* **Ein neues Material entdecken:** Dieser Tag kann dem künstlerischen Experimentieren und der kindlichen Kreativität und Fantasie gewidmet sein, indem ein neues Material entdeckt und bearbeitet wird, z. B. Ton, Stroh, Sand, Erde, Filz, Holz, Linoleum, verschiedene Papier- und Farbsorten, Steine usw.

- **Ein Geheimnis der Natur entdecken:** Naturphänomene im Wald, Garten oder in der Stadt werden mit den Kindern erforscht und erfahren.
- **Eine Geschichte erfinden und spielen:** Das Thema der Geschichte oder eine darin vorkommende Figur stehen im Zentrum; darum ranken sich weitere Aktivitäten wie Verkleiden, Malen und Basteln.
- **Lieblingsspeise:** Zu Beginn jeder Woche darf ein Kind sein Lieblingsrezept mitbringen. Gemeinsam wird das Gericht zubereitet.

Regelmäßige Frühstücksrituale

In vielen Einrichtungen gibt es feste Tage für bestimmte Frühstücksangebote, z.B. wird immer mittwochs gemeinsam Müsli gemixt (wenn vorhanden ist die Betätigung an einer Mühle oder Flockenquetsche eine besondere Attraktion). Beliebt ist auch ein fester Brötchenbacktag, auf den man sich schon die ganze Woche freuen kann. Falls einige Kulturen im Kindergarten besonders vertreten sind, bietet es sich an, einmal in der Woche ein entsprechendes Frühstück oder ein „Nationalitätenfrühstück" zuzubereiten.

Sesamkringel aus der Türkei

Zutaten: 500 g Mehl, ¼ l lauwarmes Wasser, 25 g Hefe, 50 g weiche Butter, 1 TL Salz, 1 Ei, 100 g Sesam
Vorbereitung: Backofen auf 180 °C vorheizen.

In eine Vertiefung in der Mitte des Mehls ¼ Liter lauwarmes Wasser und die zerbröselte Hefe geben und vermengen. Die Butter und das Salz hinzugeben und alles verkneten. Den Teig eine Stunde an einem warmen Ort zugedeckt gehen lassen. Den Teig in ca. zwölf Teile teilen, Teig rollen und zu Kringeln formen. Auf ein gefettetes Backblech legen und nochmals zugedeckt 15 Minuten ruhen lassen. Mit verquirltem Ei bestreichen und mit Sesam bestreuen. 20 bis 30 Minuten bei 180 °C backen.

Rituale zum Ende der Woche

Ähnlich wie der Montag ist auch der Freitag ein besonderer Tag in der Schule und Kindertagesstätte. Die „Arbeitswoche" der Kinder geht zu Ende, die Familienzeit steht bevor. Aktivitäten müssen abgeschlossen und Absprachen untereinander getroffen werden. Räume sollen ordentlich hinterlassen oder Eltern über kommende Termine und Aktivitäten informiert werden. Es ist Zeit für einen Wochenrückblick, der sich um Wünsche, Meinungen und Bedürfnisse der Kinder dreht.

Wochenrückblick im Morgenkreis

* Was war das Schönste, Lustigste, Ärgerlichste der Woche?
* Was hat jedem Kind am besten gefallen?
* Was hat die Kinder gestört und wie hätten sie es besser gefunden?
* Gibt es etwas Ungeklärtes – nicht aufgelöste Streitereien, Unausgesprochenes, das zu einem guten Abschluss gebracht werden sollte?
* Welche Wünsche gibt es für nächste Woche?
* Was wird am Wochenende passieren?

Beim Rück- und Ausblick hält das Kind, das spricht, einen Redestab oder Schmeichelstein in der Hand (→ S.25).

Rituale für den Freitag im Abschlusskreis

* Abschiedslieder singen
* Verabschiedung in verschiedenen Sprachen: Good bye, Allaha ismarladik / Güle güle, Adiós, Au revoir, Ciao.
* Wünsche für die nächste Woche äußern und Pläne schmieden.
* Gemeinsam aufräumen oder putzen.
* Eine besondere Aufgabe mit ins Wochenende nehmen, z.B. etwas in der Natur suchen und mitbringen oder jemandem eine Frage stellen.

Freitagscafé

Ein sehr geschätztes Übergangsritual von der Kindergarten- zur Familienzeit ist das Elterncafé jeden Freitagnachmittag (oder einmal im Monat). Eine Viertel- oder halbe Stunde vor dem gewöhnlichen Abholen wird ein großer Tisch in der Mitte des Raumes aufgebaut, an dem die Kinder wie gewohnt ihren nachmittäglichen Imbiss einnehmen. Diesmal steht um diesen Innenkreis der Kinder ein Außenkreis mit Stühlen für die Eltern, sowie Tee und Kaffee bereit. Auf unkomplizierte Art und Weise fühlen sich die Eltern in die Kindergartensphäre einbezogen und ein informeller Austausch zwischen den Erwachsenen kann stattfinden.

Literaturempfehlung für Kinder
➥ Paul Maar (2001): Eine Woche voller Samstage. Hamburg: Oetinger.

Jede Jahreszeit ist ein Geschenk
Rituale im Jahreskreislauf

Der Kreislauf eines Jahres und die darin eingebetteten Feste lassen uns in besonderer Weise den Zauber des Wandels und zugleich die Kontinuität im Leben erfahren. Durch das Feiern der Jahreszeiten in Form von kleinen Ritualen und großen Festen können wir uns bewusst mit den groß angelegten Rhythmen der Natur verbinden. Die Jahreszeitenfeste schaffen eine besondere Struktur im Jahr, die uns mit den natürlichen Kreisläufen und den damit verbundenen Themen von Werden und Vergehen in Kontakt bringt.

Alles hat seine Zeit

Der Frühling setzt uns in Bezug zur Schöpferkraft, zum Erwachen und dazu, etwas in die Welt zu bringen (Saat, Ziele). Der Sommer kann uns durch seine Wärme und Leichtigkeit helfen, uns für die Vielfalt des Lebens zu öffnen. Der Herbst ist die Zeit, die Früchte des Jahres einzusammeln (Ernte) und das Loslassen zu üben (fallende Blätter). Der Winter kann uns mit seiner Dunkelheit und Kälte helfen, uns zurückzuziehen, um uns zu besinnen und zur Ruhe zu kommen, und Kraft zu sammeln für das Neue (Winterschlaf halten).

Jahreszeiten als Inspirationsquelle

Von und mit der Natur können wir lernen, dass alles seine Zeit hat: Zu säen, zu gießen, zu erblühen, zu wachsen, zu warten, zu ernten, loszulassen, zu zerfallen, Humus für Neues zu werden. Zeiten, in denen man sich nach außen bewegt, wechseln mit Zeiten, in denen man sich zurückzieht und besinnliche Tätigkeiten ausübt. Auch die Tiere zeigen uns, dass es Zeiten der Verpuppung, des Flüggewerdens und des Winterschlafs gibt.

Wir möchten Sie anregen, die Jahreszeiten als Quelle der Inspiration zu nutzen und als Anlass, die Welt zusammen mit den Kindern immer wieder neu zu entdecken. Welche Qualität hat jede Jahreszeit, was können wir von ihr lernen und wie können wir sie aktiv nutzen? Welche Gelegenheiten bietet sie für besondere (Natur-) Erfahrungen und gemeinsame Entdeckungsreisen?

Die meisten religiösen Feste stehen mit den Geschehnissen und Themen der Natur in enger Verbindung. Sie bilden für Kinder oft die Höhepunkte im Jahr, auf die sie sich freuen und verlassen können. Besonders auf der Ebene der sinnlichen Erfahrung können wir Kindern so einen Bezug zur Natur sowie zur Welt der Religionen vermitteln.

In diesem Kapitel finden Sie zunächst Rituale, mit denen Sie sich in jede Jahreszeit individuell einstimmen können. Es folgen Rituale für die jeweilige Jahreszeit, angefangen mit dem Herbst, mit dem auch das Kindergarten- bzw. Schuljahr beginnt.

Jahreszeitenrunde

Dieses Einstimmungsritual unterstützt Kinder und Erwachsene dabei, Achtsamkeit und ein Gespür für die unterschiedlichen Themen und Qualitäten der Jahreszeiten zu entwickeln.

Zu Beginn einer neuen Jahreszeit setzen sich alle Kinder im Kreis zusammen und tauschen sich über das Besondere aus:

✳ Wie kann ich den Frühling (Sommer, Herbst oder Winter) spüren?
✳ Was kann ich sehen, fühlen, riechen, schmecken, hören?
✳ Was kann ich entdecken, wenn ich aufmerksam den Himmel, die Erde, Blumen und Bäume … beobachte?
✳ Was können wir von den Tieren lernen?

* Was gefällt mir am besten an dieser Zeit?
* Was können wir in der kommenden Zeit besonders gut unternehmen, spielen, essen, basteln, kennenlernen?
* Mit welchen Liedern können wir die Jahreszeit begrüßen?

Fragen Sie auch konkreter:
* Wie riecht die Erde?
* Wie fühlt es sich an, in einen riesigen Laubberg zu springen?
* Wie klingt die Welt bei Schnee?

Vertiefende Aufgaben
* „Sucht euch einen bestimmten Baum aus, den ihr zu jeder Jahreszeit besucht, die Veränderungen beobachtet und malt."
* „Beobachte genau den Lauf der Sonne im Jahr: Wann und wo geht die Sonne im Sommer auf und unter?" (Wenn möglich am Fensterbrett markieren.)

Auch das An- und Absteigen des Sonnenbogens sowie die Zu- und Abnahme des Mondes verraten uns etwas über die großen Rhythmen der Natur.

Komm, wir suchen den Frühling (Sommer, Herbst oder Winter)!

Der Beginn der Jahreszeit lädt ein, auf einem Ausflug gemeinsam nach den ersten Anzeichen zu suchen und dabei Charakteristisches für diese Zeit zu sammeln: Wer entdeckt erste grüne Spitzen unter dem Winterlaub? Wo sprießen die ersten Schneeglöckchen? Wer hat schon eine Hummel entdeckt? (Frühling)

Wer findet eine Wiesenblume für einen großen Sommerblumenstrauß? Welche Kräuter und Beeren können wir jetzt sammeln, welches Obst ernten? (Sommer)

Wer hat das erste bunte Blatt im Park/Wald entdeckt? Kann dein Drachen auf der großen Wiese den Wind einfangen? (Herbst)

Wer findet im Schatten die ersten Raureifkristalle? Kannst du Tierspuren im Schnee entdecken und weißt du, von wem sie sind? (Winter)

Material: Rucksack, Stoffbeutel, Lupe und Taschenmesser, evtl. Kamera

Die Gruppe macht einen Ausflug in die nähere Umgebung. Gesammelt wird alles, was für die jeweilige Jahreszeit typisch ist. Während des Ausflugs besteht eine gute Gelegenheit, altersgemäß über die Jahreszeit und die entsprechenden Lebensgewohnheiten bestimmter Tiere zu berichten. Mit der Lupe können Insekten untersucht und natürliche Kunstwerke, wie Spinnennetze, bestaunt werden. Anschließend mit den Fundstücken einen Jahreszeitentisch (→ S. 35) gestalten.

Tipp: Fotos und Zeichnungen machen für einen Kalender oder die Kindergartenmappe.

Jahreszeitentisch

Mit einer neuen Tisch-, Raum- oder Fenstergestaltung können Sie bewusst den Jahreszeitenwechsel einläuten und sichtbare Zeichen setzen, dass etwas Neues beginnt. Mit solchen Gestaltungsritualen bringen wir Kindern – jenseits der Worte – die Wunder der Natur näher, indem wir etwas von draußen nach drinnen holen.

Der Jahreszeitentisch als ein Ort der Stille regt die schöpferische Fantasie an und richtet die Aufmerksamkeit darauf, was charakteristisch für jede Jahreszeit ist. Sowohl die Gestaltung als auch das Betrachten bringt uns täglich in Kontakt mit der Natur und unterstützt uns dabei, den Wandel der Jahreszeiten besser zu verstehen.

Material: Tisch oder Nische auf der Fensterbank, evtl. farbige Decke, Blumen, Fundstücke aus der Natur, 1 Kerze und 1 Postkarte, evtl. kleine Figuren

Gestalten Sie auf einem Tisch oder auch in einer Nische der Fensterbank einen Platz für die jeweilige Jahreszeit. Neben Blumen, Zweigen, Hölzern aus der Natur stellen Sie vielleicht eine Kerze und eine besonderes schöne Postkarte (z. B. passendes Gemälde oder Naturaufnahme). Hier finden auch mitgebrachte Schätze der Kinder wie eine Feder, ein Vogelnest oder ein kleiner Stein ihren besonderen Platz.

Anthroposophen betonen die Stimmung jeder Jahreszeit gerne mit einer farbigen Decke als Untergrund (grün im Frühling, gelb im Sommer, rot im Herbst und blau im Winter). Bei ihnen finden sich auch kleine Figuren wie Wurzel- und Blumenkinder.

Was schenkt mir der Herbst?

Der Herbst ist die Zeit der Ernte und damit der Dankbarkeit für die Früchte des Jahres. Der Zenit ist überschritten, das Licht wird weicher, die Tage kürzer und die Natur scheint sich noch einmal zu konzentrieren und in üppiger Farbenpracht und würzigen Düften zu verschenken, bevor sie sich zurückzieht. Der Wind wirbelt das Laub durch die Luft und verlockt dazu, Drachen steigen zu lassen. Es ist die Zeit, bunte Blätter, Früchte und Beeren zu sammeln, bevor erste grau-feuchte Nebeltage den November ankündigen.

Herbstrituale

* **Vogelhäuschen:** Ein klassisches Herbstritual ist das gemeinsame Bauen eines Vogelhäuschens. Wechselnde „Vogelkinder" übernehmen im Winter dann regelmäßige Fütter- und Reinigungsdienste und üben sich so im pflegenden und versorgenden Tun.
* **Nebelwanderung:** Einmal im herbstlichen Nebel mit der Taschenlampe eine schauerlich schöne Wanderung durch die Dämmerung unternehmen.
* **Novemberversüßungsritual:** Etwas besonders Leckeres zum 1.11. backen oder kochen, wenn die graue Zeit beginnt.

Kinder-Punsch

Zutaten: 1 l Holundersaft (oder anderer roter Fruchtsaft oder Früchtetee), 1 l naturtrüber Apfelsaft, 1 Nelke, ½ Zimtstange, 2 Orangen, ½ Zitrone, Honig, evtl. Ahornsirup, 1 Sieb

Den roten Saft oder Tee zusammen mit den Gewürzen aufkochen und etwa 10 Minuten ziehen lassen. Zitronen und Orangen auspressen. Den Apfelsaft dazugießen und mit Honig süßen. Das Ganze durch ein Sieb gießen und auf die geeignete Trinktemperatur bringen.

Bratäpfel

Zutaten: 4 Äpfel (z. B. Boskop), 2 EL Marzipanrohmasse, 1 EL gewaschene Rosinen, 1 EL Mandelblättchen, gehackte Walnüsse oder Pistazien, 1 TL Zucker und Zimt, etwas weiche Butter (zum Bestreichen); evtl. Alufolie; evtl. Vanillesauce oder Vanilleeis

Vorbereitung: Backofen auf 200 °C vorheizen.

Die Äpfel vom Kerngehäuse befreien. Marzipan, Rosinen und Mandelblättchen (oder Nüsse) vermengen und in die Äpfel füllen. Die Äpfel in eine gefettete feuerfeste Form setzen, mit etwas Butter bestreichen und mit Zucker und Zimt bestreuen (alternativ in Alufolie verpacken) und im vorgeheizten Ofen etwa 30–40 Minuten backen.

Tipp: Besonders beliebt mit heißer Vanillesauce oder Vanilleeis!

Ein Fest im Herbst: Erntedankfeier

Der Dank an Gott für die Ernte und die Schätze der Natur, die Leben ermöglichen, wird in fast allen Religionen gefeiert. Die „Frucht der Erde und der menschlichen Arbeit" ist ein Gottesgeschenk. Bereits in vorchristlicher Zeit gab es den Brauch, den Fruchtbarkeitsgöttern mit Opfergaben für die eingebrachte Ernte zu danken und um den Segen für das folgende Jahr zu bitten.

Einstimmende Rituale

Die eindrücklichste Vorbereitung auf das Erntedankfest ist die Eigenbeteiligung der Kinder, nicht zuletzt weil Begreifen etwas mit Greifen zu tun hat. Folgende Rituale sind sowohl als Einstimmung vor dem Fest als auch als Bestandteil der Erntedankfeier denkbar. Als Einstieg ist die sinnliche Kontaktaufnahme mit der Natur geeignet.

Vier Elemente

Durch den bewussten Kontakt mit den vier Elementen nehmen wir mit allen Sinnen die Natur und ihre Erscheinungsformen genussvoll wahr und würdigen sie.

* Die **Erde** trägt uns. Wir können sie barfuß mit geschlossenen Augen ertasten: Wie fühlt sich der Boden an, weich und saftig oder eher hart und trocken?
* Die **Luft** schenkt uns Düfte und Klänge. Was riechst du? Würzigen Harz oder zarten Blütenduft? Und was kannst du hören: Das helle Rauschen der Gräser oder das dunkle Knarzen der Bäume? Weht ein kräftiger Wind oder umspielt dich ein feiner Windhauch?
* Das **Wasser** umhüllt und reinigt uns. Welche unterschiedlichen Geräusche macht Wasser? Tröpfeln, Strömen, Glucksen (z.B. Kieselsteinchen in Glasschale werfen).
* Das **Feuer** wärmt uns und bringt uns Licht. Welche Farben kannst du im Feuer entdecken? Wie riecht es? Und was erzählt dir sein Knistern?

Einstimmende Gedanken

Nutzen Sie das Erntedankfest für eine tiefere Auseinandersetzung mit geeigneten Themen, z.B. Dankbarkeit und Natur.

Danken

Mit Kindern können wir das Erntedankfest als Ritual der Wertschätzung für die Geschenke des Lebens feiern.

In dem Moment, in dem wir auch das scheinbar Selbstverständliche wertschätzen, richten wir unsere Aufmerksamkeit auf das Positive. So nehmen wir mit den Kindern bewusst eine Haltung der Dankbarkeit ein und spüren die damit verbundene Freude und Zufriedenheit. Wir vermitteln ihnen, dass es z.B. ein Segen ist, wenn wir genug zu essen haben und in Frieden leben. In anderen Teilen der Erde herrschen Hungersnöte, Naturkatastrophen und Kriege. Eine Impulsfrage könnte sein: Wofür können wir dankbar sein und warum?

Für die Sonne, die uns wärmt und Licht schenkt, für den Regen, der alles wachsen und gedeihen lässt, für den abendlichen Gutenachtkuss, der uns Geborgenheit schenkt, für …

Tipp: Sammeln Sie die Antworten und gestalten Sie gemeinsam einen Dankbaum (→ S. 46, Wunschbaum).

Natur

Angesichts der Geschenke der Natur setzen wir uns (altersgemäß) auch mit Gründen und Auswirkungen von Umweltzerstörung bzw. mit Naturschutz auseinander. Impulsfragen:

* Wie kann ich im täglichen Umgang mit der Natur Achtsamkeit entwickeln?
* Was kann ich persönlich für die Umwelt tun, wie kann ich z. B. zur Erhaltung der Ressourcen beitragen?
* Sammeln Sie gemeinsam Beispiele:
  * nicht den Wasserhahn laufen lassen
  * ans Licht ausmachen denken
  * Müll trennen, im Wald Müll aufsammeln
  * Sondermüll (z. B. Batterien) getrennt entsorgen u. v. m.

Rituale können dazu genutzt werden, etwas bewusst zu machen und gezielt ein Umdenken bzw. eine Änderung des Verhaltens zu unterstützen.

Tipp: Wählen Sie jedes Jahr einen aktuellen Schwerpunkt, z. B. gesunde Ernährung, Teilen o. Ä.

Zusammenhänge und Kreisläufe begreifen

Etwas in seinem Wert schätzen zu können, hat auch mit Wissen zu tun. Deshalb ist es wichtig, Kindern Zusammenhänge deutlich zu machen und sie an den einzelnen Schritten so viel wie möglich selbsttätig zu beteiligen, z. B. auf dem weiten Weg vom Korn zum fertigen Brot. Dafür eignet sich etwa ein Besuch auf dem Bauernhof und anschließend einer beim Bäcker.

Erntedankaltar gestalten

* **Mandalas** aus gesammelten Naturmaterialien legen (→ S. 14).
* **Kürbisleuchten** schnitzen
* **fantasievolle Kreaturen** aus Kastanien und Eicheln basteln
* **Früchtegirlanden:** Hagebutten, Vogelbeeren, „Schneebälle" oder auch Ahornsamen mit einer Nadel auf festes Garn auffädeln und als Girlande aufhängen.
* **Erntedankaltar** als Gabentisch aufbauen, zu dem jedes Kind und jeder Erwachsene etwas beisteuert, wenn möglich aus eigener Ernte: z. B. Obst, Gemüse und Beeren, Holunderbeeren, Hagebutten, Brombeeren, Kürbisse aller Art, Sonnenblumen, Kornähren, Maiskolben …

Erntesuppe

Material: Gemüse, Wasser, Salz

* Jedes Kind bringt ein Gemüse von Zuhause mit, so dass alle ihren Teil beitragen.
* Jede Möhre oder rote Beete wird aufmerksam betrachtet und genau untersucht: Wie riecht sie? Was ist das genau? Welche Farbe und Form hat das Gemüse? Wie fühlt es sich an?
* Dann wird gemeinsam geschnippelt, gekocht und gespeist.

Variante

Kürbis in allen seinen Bestandteilen verwerten; gemeinsam die Frucht aushöhlen, Kürbissuppe kochen, Kerne aufheben und rösten, aus den Resten Kürbismarmelade kochen.

Brot

* Körner selbst mahlen und backen,
* das frische Brot zum Erntedanktisch bringen,
* das Brot brechen und mit anderen teilen.
* Das Selbstgebackene zu anderen Menschen bringen, z. B. in ein Senioren- oder Obdachlosenheim.

Was schenkt mir der Winter?

Im Winter schwinden die Farben, die Bäume werden kahl, die Luft kalt und es wird früh dunkel. In dieser Zeit zieht sich die Natur zurück in eine Ruhephase, in der sich die Kräfte erneuern. Viele Tiere machen Winterschlaf und auch bei den Menschen richtet sich die Konzentration nach innen. Wir können das Licht als besondere Quelle entdecken und Augenblicke der Stille und des Schweigens kennenlernen. Mit der Adventszeit in der Vorbereitung auf Weihnachten beginnt die Zeit der Geheimnisse. Während draußen Raureif oder Schnee die Welt verzaubern, ist der Winter die geeignete Jahreszeit, um es sich drinnen gemütlich zu machen, Geschenke zu basteln, Geschichten zu hören und duftende Köstlichkeiten herzustellen.

Barbarazweige

Am 4. Dezember, dem Gedenktag der hl. Barbara, Zweige einer Kirsche, Forsythie o. Ä. schräg anschneiden und in eine mit frischem Wasser gefüllte Vase stellen. Das Wasser immer frisch halten, damit der Zweig an Weihnachten in voller Blüte steht.

Jahreszeitentisch

Wie auf Seite 35 beschrieben einen für die Jahreszeit typischen Tisch bereiten mit Nadelzweigen und Zapfen aller Art, mit Nelken gespickten Orangen oder Mandarinen und einem Barbarazweig in der Vase. Hinter dem Jahreszeitentisch ein blaues Tuch an die Wand spannen und für jeden Tag vom 1. bis 24. Dezember einen goldenen Stern an diesem Himmelszelt anbringen.

Weihnachtswerkstatt

Zauberhafte Weihnachtskarten

Material: Wachsmalstifte, Kerzenwachs, Wasserfarben, Papier oder Karten

Diese Zaubertechnik mit Wachsmalstiften oder erwärmtem Kerzenwachs eignet sich auch gut für Einladungskarten zur Advents- oder Weihnachtsfeier: Mit weißem Kerzenwachs oder Wachsmalstiften Weihnachtliches, Sterne, Schneeflocken, Eiskristalle o. Ä. auf Papier malen. Anschließend mit Wasserfarben darüber malen: Wie durch ein Wunder perlen die Farben vom Wachs ab und das Bild wird auf geheimnisvolle Weise sichtbar.

Moosgärtchen

Jedes Kind schmückt seinen eigenen Tontopf mit Moos, Knetzwerg, Nelken, Hagebutten, einer Bienenwachskerze, evtl. Miniedelsteinen.

Kalender als Ritual zur Jahresrückschau

Beim Basteln eines Kalenders wird das alte Jahr noch einmal rückblickend erlebt, die Jahreszeitenfeste dienen dabei als Orientierungspunkte. Mit allen Kindern zusammentragen: Was war los in diesem Jahr, was hat mir besonders gut gefallen? Lieblingslieder und Gedichte sammeln, Bilder, die zu den Festen und Ausflügen gemalt wurden, zusammentragen.

Lebkuchenhaus

Zutaten: 250 g Butter, 220 g Zucker, 180 g Honig, 3 Eier, 300 g gemahlene Nüsse, 450 g Mehl, 1 EL Kakao, 2 TL Backpulver, Lebkuchengewürz
Für die Dekoration: 1–2 Päckchen Puderzucker, Zitronensaft, ganze Mandeln, Schokolinsen, Gummibärchen, kleine Schokoladentäfelchen u. Ä., Watte, Zweige
Vorbereitung: Backofen auf 175 °C vorwärmen.

Butter, Zucker, Honig und Eier schaumig schlagen. Nüsse, Mehl, Kakao, Gewürze und Backpulver gut verrühren und mit der Masse vermischen. Auf ein mit Backpapier ausgelegtes Blech geben und bei 175 °C ca. 20 Minuten backen.

Für ein einfaches Lebkuchenhaus aus dem gebackenen Blechkuchen zwei DIN A4-große Lebkuchenplatten ausschneiden, mit kleinen Fenstern versehen und aneinander lehnen. Aus Puderzucker und Zitronensaft einen dickflüssigen Zuckerguss rühren. Das Häuschen mit dem Guss am First zusammenkleben und die Süßigkeiten auf das Dach kleben.

Variante

Bastelfreunde dekorieren das Häuschen mit einem Schornstein, Bäumen, einem beladenen Schlitten, Schneemann oder anderen Figuren.

Mini-Lebkuchenhaus

Zwei Butterkekse aneinander lehnen und mit Zuckerguss stabilisieren und verzieren (s. o.) und vielleicht einem Gummibärchen davor zum Mitnachhausenehmen.

Rituale rund um das Licht

Es fällt auf, dass die größten Feste christlicher Tradition wie Weihnachten und Ostern (Michaeli und Johanni) sehr dicht an den (Sonnen-) Wendepunkten der Natur liegen. Spannend ist die direkte Verbindung zum abnehmenden und zunehmenden Sonnenlicht. Wenn das Sonnenlicht im Sommer am intensivsten wirkt, finden die größten Feuerrituale wie zur Sommersonnenwende statt. Wenn im Herbst das Tageslicht immer weniger wird, werden die Feuer immer kleiner bis hin zur kleinen Kerze am Weihnachtsbaum, die für die Neugeburt des Lichts steht.

Advent (lat. *advenire*) bedeutet Ankommen. Wir feiern die Ankunft des Lichts, verbinden uns mit unserem inneren Licht und tragen mit Ritualen erhellendes Licht in die Dunkelheit. Mit selbst gebastelten Lichtbringern trotzen wir dem Winter, zelebrieren mit Fackeln zur Feier der Wintersonnenwende das Längerwerden der Tage oder vertiefen uns in das meditative Betrachten einer Kerze, um die Wärme und Festlichkeit wahrzunehmen und zu genießen.

Kerzenmeditation

Als tägliches kleines Ritual zu Hause oder im Morgenkreis eine Kerze (z. B. am Adventskranz) entzünden und gezielt ein paar Minuten der Ruhe und des Ankommens zelebrieren. Ergänzend dazu ein Adventslied singen, evtl. eine Geschichte oder ein Gedicht vorlesen.

Laternen

Es gibt unzählige Techniken, um eine Laterne zu basteln. Bei dieser schlichten Form können schon die ganz Kleinen mithelfen: große Tonpapierbogen mit Wasserfarben, Aquarell oder Wachsstiften bemalen. Anschließend mit Haushalts- oder Leinöl einreiben, so dass das Papier transparent leuchten kann, und nach dem Trocknen zur Laterne zusammenkleben.

Der Laternenbau kann auch ein Anlass für einen Bastelabend der Eltern sein.

Krönendes Ritual ist natürlich der Laternenumzug, bei dem die Kinder ihre Werke stolz tragen und Laternenlieder singen.

Zum Abschluss „Der Mond ist aufgegangen" und „Weißt du, wie viel Sternlein stehen?" gemeinsam mit den Eltern singen.

Tipp: Laternen vor dem Fest als Raumschmuck an einer Schnur im Kindergarten aufhängen. Nach dem Laternenfest nimmt jedes Kind seine Laterne mit nach Hause.

Variante

Auch eine **Laterne im Morgenkreis** mit einer bereits brennenden Kerze, wenn die Kinder den Raum betreten, sorgt für eine besondere Stimmung.

Martinsfest am 11. 11.

Beliebt ist auch der Laternenumzug zu Ehren des heiligen Martin, der seinen Mantel mit einem Armen teilte. Ein wichtiger Bestandteil ist das gemeinsame Singen von Laternen- und Martinslieder. Zum Abschluss wird gerne am Feuer die Legende des Heiligen erzählt oder nachgespielt.
Dieses Fest kann dazu genutzt werden, Kindern den Wert des Teilens zu vermitteln. Als charakteristisches kleines Ritual werden selbst gebackene Martinshörnchen oder Martinsbrote (Martinsweckmann) aus Hefeteig mit Mandeln geteilt (→ S. 99 zum Thema Teilen) oder jedes Kind bekommt zwei Mandarinen, eine für sich und eine zum Teilen.

Winterlichter — schlicht und schön

Gereinigtes Marmeladen- oder Gurkenglas mit Transparentpapierschnipseln bekleben und ein Teelicht hineinsetzen, eventuell zur Hälfte mit Sand füllen. Diese Windlichter sind auch für draußen geeignet.

Schneeleuchten

Mit Kerzen (oder Teelichtern) einen magisch leuchtenden Stern in den Schnee legen oder eine Schneekugel rollen, Vertiefung aushöhlen und Teelicht (eventuell mit Glas als Windschutz) hineinsetzen.

Lichtspirale

Für diesen meditativen Gang durch den „Adventsgarten" eine Spirale aus Tannenzweigen legen, in deren Zentrum eine große Kerze entzündet wird. Goldene Sterne markieren in gleichmäßigen Abständen die Stellen, auf die Kerzen gesetzt werden. Dieses Ritual aus der Waldorfpädagogik basiert auf dem Motiv, Licht ins Dunkel zu bringen.

Das eigene Licht wird am Christuslicht entzündet. Je mehr Menschen dieses Licht nach außen tragen, desto heller wird es.

Material: Tannenzweige oder Moos, goldene Sterne aus Pappe, pro Kind 1 Kerze, 1 große Kerze, evtl. große rote Äpfel, Pappe und Goldpapier zum Bekleben, 1 Wassereimer

Vorbereitung: Aus den Tannenzweigen und dem Moos eine große Spirale legen. In gleichmäßigen Abständen mit goldenen Sternen aus Pappe oder Goldpapier die Stellen markieren, auf die die Kerzen gesetzt werden sollen. Eventuell für jedes Kind ein Apfellicht vorbereiten: Ein ca. 2 cm tiefes Loch mit dem Ausstecher in einen großen Apfel stechen und die Kerze hineinstecken.

Die Kinder setzen sich in einem Stuhlkreis um die Spirale und erhalten eine kleine Kerze oder ein Apfellicht. Die Kinder gehen einzeln, die Kleinsten in Begleitung eines Erwachsenen, ins Zentrum der Spirale und entzünden dort ihr Licht. Auf dem Rückweg stellt jedes Kind seine brennende Kerze auf den nächsten markierten Platz, so dass langsam der Weg von innen nach außen erhellt wird und eine Spirale aus Licht entsteht. Der Weg wird schweigend und ganz in Konzentration auf das Licht beschritten, im Hintergrund spielt leise Musik oder die Gruppe singt ruhige Adventslieder. Der Stern bzw. die Apfelleuchte können als Lichtsymbol mit nach Hause genommen werden.

⚠ Lassen Sie niemals eine Kerze unbeobachtet, auch die kleinste Kerze ist eine gefährliche Feuerquelle, und stellen Sie zur Sicherheit einen Wassereimer bereit.

Rituale für die Zeit des Wartens

Für Kinder ist die Adventszeit besonders vom Warten auf Weihnachten geprägt. Wichtige Rituale in dieser Zeit sind z. B. ein aus duftenden Tannenzweigen gebundener Adventskranz mit seinen vier Kerzen, die nach und nach an den Adventssonntagen (bzw. in der Kindergruppe an den darauffolgenden Montagen) feierlich entzündet werden. Mit Wichteleien können wir die Freude am Schenken fördern und natürlich darf der Nikolaus-Besuch nicht fehlen. Schließlich gibt es auch noch diese wunderbare Erfindung, die das Voranschreiten der Zeit sichtbar macht und das Warten durch ein tägliches kleines Ritual erleichtert und versüßt: den Adventskalender.

Adventskalender

Neben den traditionellen Kalendern mit Bildern gibt es zahlreiche kreative Abwandlungen, die auch als dekorative Raumgestaltung sehr reizvoll sind.

Im Kindergarten können die Namen aller Kinder auf Zetteln in einer Dose gesammelt und im Morgenkreis gezogen werden. Die kommenden 24 Tage darf dann – entsprechend der Anzahl der Kinder – jeden Morgen ein Türchen, Päckchen oder eine Nuss geöffnet werden.

Nusskette

24 Walnüsse vorsichtig öffnen, entkernen und mit Goldbronze vergolden. Jeweils zwei Hälften an ein schönes Geschenkband kleben, so dass eine Nusskette zum Aufhängen entsteht. Im Inneren können ein Glöckchen, kleiner Edelstein, Zwerg, kleines Tier etc. oder kleine Zettel mit Überraschungen versteckt werden. Die von dem jeweiligen Kind geöffnete goldene Nuss mit etwas Bienenwachs wieder verschließen und mit nach Hause geben.

Wieder verwendbarer Adventskalender

Die Überraschungen dieses Kalenders werden speziell in der Weihnachtszeit genutzt zum Vorlesen, Vorspielen, ans Fenster hängen oder auf den Weihnachtsbaum stecken. Sie können im Anschluss weitestgehend wieder eingesammelt und wiederverwendet werden.

Material: Stoffreste, Nähutensilien, Schnur, Schleifenband, Dinge, die es nur an Weihnachten gibt (z. B. Engel, Sterne, Rose von Jericho, Räucherware, Weihnachtsbuch, CD mit Weihnachtsliedern, Honigkerze, Christbaumschmuck etc.)

Aus Stoffresten Säckchen in unterschiedlichen Größen nähen, für alle besonderen Dinge, die es jedes Jahr nur an Weihnachten gibt: Engel, Sterne, Rose von Jerichow (Wüstenblüte, die im Wasser aufblüht), Räucherware, Weihnachtsbilderbuch, Weihnachtsgeschichtenbuch, ein Gedicht, CD mit Weihnachtsliedern, Honigkerze, Christbaumschmuck etc.

Adventsweg

Das Nachstellen der Reise der Menschen zum Stall von Bethlehem hilft Kindern, die Weihnachtsgeschichte nachzuvollziehen und ein Gespür für diese besondere Zeit zu entwickeln.

Zunächst machen sich Maria und Josef auf dem Esel auf den Weg zur Volkszählung. Die Figuren werden jeden Tag ein Stück weiter bewegt, die Spannung wächst, bis sie am 24.12. den Stall erreichen. Der Engel Gabriel kommt zu den Hirten auf das Feld, und sie folgen dem Stern. Schließlich machen sich die heiligen drei Könige auf den Weg.

Tipp: Erzählen Sie zu den verschiedenen Krippenfiguren Geschichten und fragen Sie sich mit den Kindern, was die Menschen suchen, was ihnen begegnet und wie sie ihren Weg zur Krippe finden. Je nach Alter kann auch das Thema „seinen eigenen Weg finden" mit den Kindern entwickelt werden.

Die wachsende Krippe

An den Freitagen vor oder den Montagen nach den vier Adventssonntagen wird die Krippe neu gestaltet. Das gemeinsame Zusammentragen und Gestalten der Krippe kann zu einem vorweihnachtlichen Ritual für die ganze Familie oder Kindergruppe werden. So entsteht Stück für Stück ein Gemeinschaftswerk, eine ganz persönliche und einzigartige Weihnachtskrippe, zu der alle etwas beigetragen haben.

* Zum ersten Advent ist das Thema **die Welt der Mineralien**.

An diesem Tag bringen alle einen Stein mit, z. B. ein besonderes Fundstück aus dem Urlaub, zu dem eine kleine persönliche Geschichte erzählt wird, oder einfach einen spontan aufgesammelten Kiesel. Jeder trägt mit einer Hand voll Sand dazu bei, den Weg zur Krippe zu streuen.

* Zum zweiten Advent ist das Thema **die Welt der Sterne**.

Jeder darf einen Stern aufhängen, z. B. an einen großen Zweig. Mit dem Aufhängen des Sterns wird ein Wunsch verbunden, der den anderen mitgeteilt werden kann, aber nicht muss.

* Am dritten Advent ist das Thema die **Pflanzenwelt**.

Zu diesem Treffen bringt jeder eine Pflanze, Knolle oder einen Samen mit. Zusammen mit Moosen, Wurzeln und den bereits ausgelegten Steinen wird eine Landschaft gestaltet.

* Am vierten Advent stehen **Menschen und Tiere** im Vordergrund.

In der Woche zuvor werden aus Ton Figuren und Tiere geknetet und zum Trocknen an einen warmen Ort gestellt. Neben den traditionellen Gestalten wie Josef, Maria, dem Jesuskind in der Krippe, den Hirten und den Tieren des Stalles, formen die Kinder Katzen, Vögel oder auch Ausgefalleneres wie Dinosaurier. Zum vierten Advent finden diese Tonfiguren alle ihren Platz in und um den Stall herum.

Nikolaus (6. Dezember)

Bischof Nikolaus lebte ca. 340 nach Christus in Myra, einer Stadt in der heutigen Türkei (Demre). Er verschenkte alles, was er besaß, an Kinder und Bedürftige. Besonders bekannt ist die Geschichte von der Hungersnot in Myra, von der der Bischof die Stadt befreite (→ Literaturtipps S. 61). In der Türkei kommt der „Noel Baba" an Silvester, um die Kinder zu beschenken, in Deutschland am 6. Dezember. Es ist Tradition, am Abend vor dem Nikolaustag die Schuhe bzw. Stiefel zu putzen und vor die Tür zu stellen. Am nächsten Morgen hat der heilige Nikolaus sie mit Mandarinen, Nüssen und anderen Leckereien gefüllt.

Wunschbaum

Dieses Ritual kann vor Weihnachten einen alternativen Akzent setzen und eine neue Tür für die Beschäftigung mit den Themen Wünschen und Schenken öffnen. Der Wunschbaum (ein kleines Bäumchen oder ein großer immergrüner Zweig) trägt nur Wünsche an seinen Zweigen, die man sich nicht im Kaufhaus erfüllen kann.

* Im Rahmen eines Stuhlkreises zunächst die Besonderheit von Wünschen thematisieren, bei denen Geld keine Rolle spielt. Es ist spannend gemeinsam herauszufinden, was es mit solchen Wünschen auf sich hat und was man tun kann, um sie sich oder einem anderen zu erfüllen.
* Jedes Kind überlegt sich einen Herzenswunsch: Ein Nachmittag nur mit der Oma, ein besonderes Spiel oder auch einen Wunsch für jemanden, der in Not oder krank ist. Die Kinder schreiben oder malen die Wünsche auf bunte Blätter und hängen sie an den Baum. Nun kann in der Vorweihnachtszeit von Zeit zu Zeit ein Wunsch vom Baum genommen und „erfüllt" werden (z. B. in Form einer gemeinsamen Genesungskarte an einen kranken Menschen). In diesem Ritual geht es aber vor allem um die Beschäftigung mit nicht-materiellen Wünschen und nicht darum, jeden einzelnen Wunsch zu erfüllen.
* Alternativ dazu kann der Baum statt mit Wünschen mit Geschenken nicht-materieller Art geschmückt werden: Gedichte, Geschichten oder kleine Aufmerksamkeiten im Alltag für ein anderes Kind, z. B. etwas Selbstgebasteltes.

Wichteln

Mit diesem liebenswerten Brauch wird durch kleine Aufmerksamkeiten Freude geschenkt. Zum Wichteln zunächst alle Namen der Kinder und PädagogInnen / Familienmitglieder auf kleine Zettel schreiben, zusammenrollen und wie Lose ziehen. (Namen werden nicht verraten, das erhöht den Spaß und das Geheimnisvolle der Wichtelei.) Ab jetzt ist jeder für die Person, die er gezogen hat, der Wichtel und kann sich kleine Überraschungen ausdenken. Die Wichtelzeit im Kindergarten kann die ganze Adventszeit umfassen oder einen speziellen Tag, in der Familie z. B. die Adventssonntage.

Wichteln für Tiere

An Walnussschalen oder eine halbe Kokosnuss ein Band zum Aufhängen befestigen, mit Fett füllen und Sonnenblumenkerne hineinstecken; Zapfen mit Fett bestreichen und in Vogelfutter wälzen; Rosinen auf eine Schnur fädeln etc. Dann gemeinsam einen Baum aussuchen, wenn möglich in Blickweite, und die Futtermitbringsel für die Vögel aufhängen. Eicheln, Kastanien und altes Brot dazustreuen.

Überraschungswichtelei

Mit kleinen Wichtelgeschenken (z. B. einer gelbleuchtenden Sonnenzeichnung bei grauem Wetter, einem Tütchen selbst gebackener Weihnachtskekse oder einem Gedicht in einer bunt beklebten Streichholzschachtel) den alten Nachbarn oder die frierende Postbotin überraschen.

Weihnachtliche Erzählrunde

Frage an alle Kinder: „Wie feiert ihr Weihnachten zu Hause?"

Gemeinsam recherchieren, Familie, Freunde und Nachbarn fragen, kleine Nationalitätenecken mit dem jeweils landesüblichen Schmuck dekorieren, Rituale anderer Kulturen sammeln. In Schweden z.B. schreiben alle Familienmitglieder kurze Gedichte zu ihren Päckchen, die auf den Inhalt des Geschenkes und die beschenkte Person anspielen. Außerdem muss man den Wichtelmännchen, die hier ja auf allen Höfen und in alten Häusern leben, vom weihnachtlichen Milchreis abgeben, sonst können sie sauer werden! Wenn der Weihnachtsmann kommt und Geschenke verteilt, singen alle und tanzen gemeinsam um den Weihnachtsbaum.

Weihnachten (24. Dezember)

An Weihnachten feiern wir, dass ein neues Licht in die Welt gekommen ist. Im Christentum steht dieses Licht dafür, dass Jesus das Leben hell macht. Das Entzünden der Kerzen am Weihnachtsbaum symbolisiert das Ausbreiten dieses Lichtes. Es spendet Wärme und Helligkeit. Die Feier der Geburt des Jesus-Kindes steht auch für die Freude über die Ankunft des Neuen, Hoffnungsvollen in der Welt.

Weihnachten ist sehr von den unterschiedlichen Familientraditionen geprägt. Oftmals lohnt es sich bei diesem Fest zu überprüfen, ob die übernommenen Rituale den persönlichen Bedürfnissen und Wertvorstellungen tatsächlich entsprechen oder ob es sinnvoll ist, sie gemeinsam zu erweitern oder umzugestalten: Was ist mir eigentlich wichtig? Welche Lieder oder Texte berühren mich wirklich?

Kleines Auspackritual

Auch die Art und Weise wie Geschenke ausgepackt werden, hat etwas mit Wertschätzung zu tun und prägt die Stimmung des Festes. Wenn Päckchen nur hektisch aufgerissen werden, um gleich nach dem nächsten zu greifen, bleibt wenig Platz für wirkliche Freude und Dankbarkeit. Eine Möglichkeit ist das Abdecken der Geschenke mit schönen Tüchern, die das Kind dann selbst lüftet, um genussvoll ein einzelnes Geschenk herauszunehmen und auszuwickeln. Vielleicht lohnt auch der Blick aufs Geschenkpapier oder eine beiliegende Karte verrät Näheres über den Schenkenden und seine guten Wünsche.

Wir begrüßen das neue Jahr

Das Neujahrsdatum ist nicht für alle Kinder unterschiedlicher Kulturen gleich: Im Islam und im Judentum z. B. sowie bei den Persern ist es ein beweglicher Feiertag. Die Bräuche sind vielfältig: Dreitägige prächtige Drachenumzüge in China oder das Teilen eines selbst gebackenen Kuchens mit Freunden (England), Neujahrsfeuer(werk) oder die Karpfenschuppe im Geldbeutel für reichen Geldsegen. Bringen Sie gemeinsam die Bräuche der Kinder in Erfahrung.

Neujahr ist ein guter Zeitpunkt, sich von Altem zu verabschieden, neue Ideen ins Leben zu lassen und Veränderungen anzuregen:

* Einen kleinen Jahresrückblick mit den persönlichen Höhepunkten der Kinder zusammenstellen, z. B. in Form einer Bildersammlung oder Fotogalerie.
* Sich von Altem, Belastendem trennen und verabschieden (vgl. Abschiedsschiff, → S. 79), mit Krach und Radau böse Geister vertreiben.
* Eine Vorschau auf die kommende Zeit zusammenstellen, verbunden mit dem Sammeln der Kinderwünsche (z. B. Wunschbaum, → S. 46).
* Gute Vorsätze für das nächste Jahr treffen, besprechen und kreativ gestalten.
* In die Zukunft blicken: Auf alten Esslöffeln Wachs über einer Kerze schmelzen und in kaltes Wasser gießen. Die neue Form gilt als Symbol für etwas, das im nächsten Jahr passieren wird.
* Mit Wunderkerzen, Kindersekt (Schorle) und Glückwünschen auf ein gutes neues Jahr anstoßen.

Sternsingen (um den 6. Januar herum)

Zum christlichen Dreikönigsfest ziehen verkleidete Kinder in kleinen Gruppen singend von Haus zu Haus. Caspar, Melchior und Balthasar sind mit langen Gewändern und Kronen geschmückt und tragen vor sich einen hellen großen Stern. Als Zeichen des Segens werden die Haustüren mit C+M+B (Christus Mansionem Benedicat / „Christus segne dieses Haus") und dem aktuellen Jahr versehen. Das Sternsingen erinnert an die Suche der drei Weisen aus dem Morgenland nach dem neu geborenen Jesuskind. Heute ist es eine der weltweit größten Hilfsaktionen von Kindern für Kinder, da gleichzeitig Spenden für Projekte für Kinder in der sogenannten Dritten Welt gesammelt werden, um ihre Lebensbedingungen und Zukunftschancen zu verbessern. Die Tradition des Sternsingens lädt dazu ein, die Lebenssituation von Kindern in anderen Teilen der Erde zu erforschen und sich mit ihren Problemen zu beschäftigen.

Was schenkt mir der Frühling?

Der Frühling ist geprägt vom Aufkeimen der Natur. Die Sonne gewinnt an wärmender Kraft, das zunehmende Licht lenkt die Konzentration und Aufmerksamkeit wieder mehr nach außen. Die Samen keimen, das Grün bricht hervor, die ersten zarten Blüten sind zu erkennen und die Zugvögel kehren zurück und singen wieder. Die Menschen können sich von der Aufbruchsstimmung der Natur anstecken lassen. Es wird Zeit, den müden Winter zu vertreiben und den Frühling mit seiner hervorquellenden Lebenskraft willkommen zu heißen.

Den Winter verjagen — den Frühling begrüßen

Als klassisches Übergangsritual, um Altes zu verabschieden und für Neues Raum zu schaffen, muss der Winter laut und deutlich vertrieben werden, bevor der Frühling Einzug halten kann. Alle Beteiligten sollten sich dazu mit ihren Instrumenten zusammentun und den Winter aus allen Winkeln und Schlupflöchern des Hauses oder auch Gartens herausrasseln.

Käseschachtelbongo

Ein Instrument, um den Winter zu verjagen, kann man selber bauen: Eine runde, leere Käseschachtel bekleben oder bemalen, zwei bis vier lange Fäden mit dicken Perlen an den Seiten anbringen, einen langen Stock durch die Mitte der Schachtel stecken und festkleben.

Winterschlafweckmassage

Diese Massage ist als abschließendes Ritual zum oben genannten Verjagen des Winters sehr gut geeignet. Das Vertreiben des Winters aus dem eigenen Körper ist eine liebevolle Form, um mit sich selbst in Kontakt zu kommen, die eigene Körperwahrnehmung zu fördern.

Mit lockeren Fäusten wird der Winter und bei der Gelegenheit auch anhängliche Erkältungen und Missmut aller Art aus dem ganzen Körper geklopft und dann mit der flachen Hand von der Körpermitte nach außen ausgestrichen. Am Kopf nur zart mit den Fingern klopfen, die Haare vorsichtig ausstreichen. Je nach Alter können die Kinder sich selbst oder gegenseitig klopfen bzw. sich von einem Erwachsenen abklopfen lassen. Abschließend wird der Winter mit kräftigen Grimassen vollständig vertrieben.

Den Frühling begrüßen

Im Anschluss an das Winteraustreiben wird der Frühling gebührend willkommen geheißen. Eventuell müssen die Kinder ihn erst suchen, Hindernisse überwinden und Prüfungen bestehen. So kann der Frühling freudig mit Liedern begrüßt werden. Ein schön geschmückter „Frühlingsbuschen" aus frischen grünen Zweigen mit bunten Bändern, Glöckchen u. Ä. verziert führt den Umzug von tanzenden und singenden Kindern und Erwachsenen an.

Frühlingszeit ist Pflanzzeit

Ein Frühlingsritual ist das gemeinsame Einkaufen, Einpflanzen und Begießen von Primeln, Narzissen und anderen Frühblühern.
Tipp: Jeweils zwei Blumenkinder sind eine Woche lang zuständig fürs Gießen.

Frühjahrs-Putz-Ritual

Jeder kennt die befreiende Wirkung von Frühjahrsputzaktionen, wenn alles wieder sauber ist. Reinigungsrituale dieser Art können regelmäßig ein- oder mehrmals im Jahr als besonderer Putz-Tag oder Putz-Wochenende mit anschließender Belohnung in Familie oder Kindergarten zelebriert werden. Auch Aufräumen und „Klar Schiff machen" kann gut organisiert mit Kindern zum Fest werden.

* Gemeinsam eine Liste anlegen, was weggeschmissen, gesäubert, repariert, ausgemistet oder angestrichen werden soll
* Aufgaben verteilen und Teams bilden, die in Kleingruppen organisieren, was sie für ihre Aktion an Hilfsmitteln, Werkzeug, Putzmittel etc. benötigen
* Aufräumaktionen in kleinen Putzkolonnen starten

Mit Gesang wird alles leichter: mit selbst gedichteten Texten in rhythmischem Sprechgesang oder nach einer bekannten Liedmelodie können z. B. den unterschiedlichen Putzutensilien Stimmen verliehen werden.

Abschließend sollte eine besonders leckere Speise oder eine andere Überraschung nach der erfolgreichen Arbeit warten.

Tipp: Das Putzritual ist eine gute Schlecht-Wetter-Variante zum Gartentag (→ S. 57).

Fastenzeit vor Ostern

Rituale zur Reinigung von Köper und Geist gibt es in vielen Kulturen. In der christlichen Tradition stehen die 40 Tage von Aschermittwoch bis Karsamstag im Zeichen der Fastenzeit – eine Erinnerung an die 40 Tage, die Jesus fastend in der Wüste verbrachte und gegen heftige Versuchungen ankämpfte, und an seinen Leidensweg.

Dieser Zeitraum lässt sich gut nutzen, bewusst in sich zu gehen und die eigenen Gewohnheiten zu überprüfen. Auch für Kinder kann dieses Ritual des freiwilligen Verzichtes auf etwas Bestimmtes für einen festgelegten Zeitraum eine spannende und wichtige Erfahrung sein.

Gemeinsam mit anderen zu fasten und sich darüber auszutauschen, kann dir helfen …

* die Kraft deiner eigenen Entscheidung zu spüren.
* zu entdecken, was es heißt, dranzubleiben und stolz darauf zu sein.
* die Erfahrung zu machen, dass eine Gruppe dich in deiner Entscheidung stärkt und unterstützt.
* dich als Teil einer Gruppe wahrzunehmen, die durch eine gemeinsame Erfahrung zusammenwächst.
* Dankbarkeit für das sonst oft Selbstverständliche zu empfinden.
* ein Gespür fürs Teilen zu bekommen.
* die Sinne zu verfeinern u. v. m.

Überlegen Sie im Rahmen eines Kinderkreises oder Familienrates gemeinsam, worum es in dieser Fastenzeit gehen kann. Soll es ein Fasten von Süßigkeiten oder z. B. eine Zeit ohne Fernsehen oder Computerspiele werden? Selbst eine einzige Woche vor Ostern auf Süßigkeiten bzw. auch nur auf Nuss-Nougat-Aufstrich oder Schokomüsli zu verzichten, ist ein Erfolgserlebnis.

Nutzen Sie die Fastenzeit auch dafür, etwas Gutes neu im Alltag zu etablieren: z. B. sieben Wochen lang jeden Tag einen Apfel essen oder morgens in der Familie gemeinsam ein Lied singen oder das Spielzeug alleine aufräumen oder …

Tauschen Sie sich regelmäßig über aufkommende Gefühle, Fragen und Veränderungen aus.

Tipp: Fastenrituale sind auch unabhängig von der Osterzeit eine gute Möglichkeit, ein anderes Essverhalten einzuüben.

Die Fastentreppe

40 oder auch nur sieben Tage lang „ohne" sind eine lange Zeit. Mit einer selbst gebastelten Fastentreppe wird dieser Zeitraum für Kinder leichter nachvollziehbar. Außerdem können sie ihr Voranschreiten auf dem Weg zu einem selbst gesteckten Ziel so Schritt für Schritt zelebrieren.

Material: Tonpapier, Schere, Buntstifte, evtl. schöner Stein und kleiner Magnet

* Aus Tonpapier eine Treppe mit sieben Stufen schneiden (bei einer längeren Fastenzeit entsprechend mehrere Wochentreppen basteln).
* Die Treppenstufen bunt gestalten und durchnummerieren: von unten (= 1) bis oben (= 7). Bei weiteren Wochen die zweite Treppe entsprechend von 8 bis 16 usw. nummerieren.
* Die fertige Fastentreppe aufhängen: zu Hause z. B. als kleine Variante auf den Kühlschrank kleben, in der Einrichtung als große Variante an einer Pinnwand befestigen.
* Eine kleine Figur basteln, z. B. kann jedes Kind sich selbst (oder die ganze Familie) auf Tonpapier malen und ausschneiden (für den Kühlschrank die Figur oder einen schönen Stein auf der Rückseite mit einem kleinen Magneten bekleben).
* Wenn in jeder Woche einem bestimmten Thema besondere Aufmerksamkeit geschenkt werden soll: die Themen an die Seite schreiben bzw. ein Symbol dafür malen.

Jeden Tag die Figur oder den Stein eine Stufe höher schieben.

Tipp: Das Ritual des täglichen Voranschreitens kann immer im Morgenkreis stattfinden und mit dem Austausch der Kinder untereinander verbunden werden.

Variante

Ideen und gute Vorsätze für die Fastenzeit auf ein schön gestaltetes Blatt malen.

Ostern

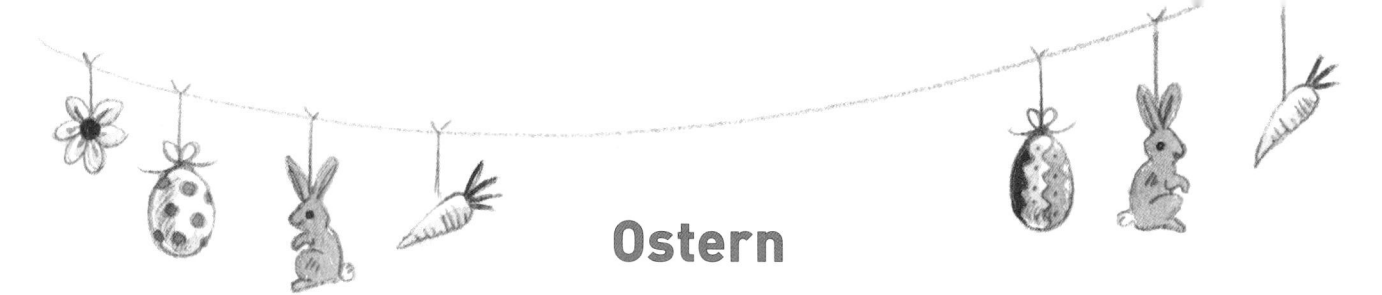

Ostern ist das höchste christliche Fest, an dem die Auferstehung von Jesus Christus, der Sieg des Lebens und der Liebe über den Tod gefeiert wird. Es wird am Sonntag nach dem ersten Vollmond, nach der Tag-und-Nacht-Gleiche im Frühling gefeiert. Im Zyklus des Jahres markiert Ostern den Übergang vom Winter zum Frühling. Der Brauch, im Frühling das Erwachen der Natur und die durchbrechende Lebenskraft zu feiern, ist sehr alt und wird in vielen Kulturen auf unterschiedliche Weise zelebriert.

Osterwerkstatt und Osterrituale

Bereits das Bemalen der Eier und die Gestaltung der Räumlichkeiten werden bewusst als einstimmendes Ritual ausgeführt.

* **Zierzweige:** Zweige mit bunten Eiern dekorieren; in Schweden z. B. werden Birkenzweige mit kleinen bunten Federn geschmückt.
* **Eierschnur:** Abwechselnd ein ausgeblasenes und bemaltes Ei, ein Fundstück, z. B. ein getrockneter Lärchenzweig, oder einen Papierhasen an unterschiedlich langen Fäden aufhängen.
* **Osterfeuerbild:** Aus Transparentpapier unterschiedlich große Flammen in Rot-Gelb-Orangetönen reißen und so zusammenkleben, dass sie sich teilweise überlappen. An ein Fenster oder vor eine Lichtquelle hängen.
* **Osterblumen:** Körbe, Töpfe, Kisten mit Frühlingsblumen bepflanzen.
* **Osterkranz:** Einen großen Kranz aus geflochtenen Zweigen mit festem Geschenkband oder Faden an der Decke befestigen, evtl. Eier, Hasen, Hühner oder auch ausgeschnittene und bemalte Papier-Frühlingsblumen daran hängen.
* **Ostertischdecken:** Auf alte Laken oder weiße Tischtücher mit Kartoffeln und Stoffmalfarbe frühlingshafte Motive aufdrucken.

Osternest

14 Tage vor Ostern kann das Wunder des Wachstums angesichts schnell sprießender Keimlinge täglich beobachtet werden.

Material: Tonschale, Erde, Katzengras oder Weizen; evtl. Holzspieß mit Dekoration; evtl. Kresse oder andere Kräutersamen, flache Schüssel, Küchenpapier

Tonschale mit Erde füllen, Katzengras oder Weizen als Ostergras säen, Körner leicht andrücken, etwas Erde darüber streuen und feucht halten. Bemaltes kleines Ei aus Papier o. Ä. auf einen Holzspieß kleben und in das Gärtchen setzen.

Variante

Für ein essbares Osternest Kresse oder andere Kräutersamen in flacher Schüssel auf Küchenpapier ausstreuen, regelmäßig gießen und feucht halten. Die Spitzen sind meist nach einer Woche essbar, z. B. zum Osterfrühstück.

Hasennest

In manchen Familien gibt es die Tradition, dem Osterhasen ein verlockendes Nest für die Eiablage herzurichten. Hier entstehen zuweilen liebevolle kleine Wunderwerke der Naturarchitektur. Aus Zweigen, Zapfen und Stöcken bauen die Kinder kleine Häuser mit Rindendach, Außenlaube, Zäunchen und Moosgärtchen.

Osterwecken als Sonnenzeichen

Zutaten: 1 Päckchen Hefe, ⅓ l Milch, 2 El weiche Butter, 1 Ei, 1 El flüssiger Honig, je 1 Prise Zimt, Kardamom und Salz, 500 g Vollkornweizenmehl
Verzierung: geschälte Mandelhälften, 1 Eigelb, evtl. Rosinen
Vorbereitung: Backofen auf 200 °C vorheizen.

Hefeteig: Die Hefe in einer Tasse mit handwarmem Wasser auflösen. Die Hefe dann mit allen Zutaten zu einem gut knetbaren Teig vermengen und diesen an einem warmen Ort gehen lassen. (Je nach Beschaffenheit den Teig mit Mehl oder Milch zur richtigen Konsistenz bringen.)

Zuerst den Teig ausrollen und runde Formen ausschneiden bzw. mit Hilfe einer kleinen Schale oder eines Bechers ausstechen. Dann dünne Teigrollen herstellen und diese auf dem Teigstück vorsichtig zu Mustern, z. B. Spiralen, legen. Abschließend mit Rosinen und Mandeln verzieren und mit dem verquirlten Eigelb bestreichen. Die Gebäcke ohne weitere „Gehzeit" backen, damit die Muster ihre Form behalten. Je nach Größe ca. 15–20 Minuten bei 200 °C im Ofen backen.

Osterfeuer (traditionell am Karsamstag)

Feuer wurden schon in alten Kulturen für magische Reinigungsrituale und zum Ausräuchern von schlechter Energie oder Krankheiten entfacht. Mit dem Frühlingsfeuer als Symbol für die Sonne wurde deren lebensspendende Wärme und ihr Licht begrüßt. Im Christentum steht das Osterfeuer symbolisch für den Sieg des Lichtes über die Dunkelheit. Die Feier der Auferstehung ist der Grund für die Hoffnung, dass das Leben stärker als der Tod ist. Kinder lieben besonders den feierlichen Moment der Entzündung.

Tipp: Am heruntergebrannten Feuer über der Glut das erste Stockbrot backen.

Osterkerzen

Licht gilt grundsätzlich als Zeichen des Lebens und die Osterkerze speziell als Zeichen für Christus, dem Licht der Welt, und für das ewige Leben. Jedes Kind beklebt seine Osterkerze mit Symbolen aus buntem Wachs und entzündet sie am Osterfeuer. In einer Prozession tragen die Kinder ihre Kerzen in die noch dunkle Kirche, bis sie nach und nach mit jedem weiteren Kind vom Osterlicht erfüllt ist.

Osterspaziergang

Das Ritual, für diesen Spaziergang noch im Dunkeln aufzubrechen und in der Morgendämmerung vom Dunkel der Nacht in den neuen Tag hineinzuwandern, hat nicht nur für Kinder einen besonderen Zauber. Dabei ist besonders spürbar, dass die Welt nach dem Winter voller Leben ist, was ein großes Geschenk ist. Das wichtigste Ritual ist für Kinder allerdings das Suchen, Finden und Verstecken von Ostereiern. Entweder verstecken die Erwachsenen die Eier oder jedes Kind zieht einen Namen und spielt für dieses Kind den Osterhasen.

Osterfrühstück

Ein schönes Ritual ist die gemeinsame Gestaltung des Tisches, auf dem alle Werke der Kinder ihren Platz finden und gewürdigt werden. Beim Frühstück selbst kann das Teilen in den Vordergrund gestellt werden, durch Geschichten über das Teilen, füreinander da sein, und das Teilen des Brotes, sich gegenseitig bedienen etc. Beliebte Speisen sind hier Hefezopf, Osterlämmer aus Hefeteig, Erdbeermilch oder Holunderblütensirup.

Tipp: Im Frühjahr zur Nachwuchszeit lohnt ein Besuch bei den neugeborenen Tierkindern im Zoo, Wildpark oder auf dem Bauernhof. Im Rahmen eines Osterausflugs lassen sich winzige Zicklein, staksige Fohlen und kuschelige Osterlämmer als Zeichen der Fruchtbarkeit und des neuen Lebens bewundern.

Jede Jahreszeit ist ein Geschenk 55

Ramadan und Opferfest*

Der Ramadan (neunter Monat des islamischen Kalenders) ist eine besonders heilige Zeit, geprägt durch das gemeinschaftliche Fasten von Sonnenaufgang bis Sonnenuntergang und das anschließende gemeinsame Essen in den Familien. Das Fasten symbolisiert die kollektive Konzentration auf Gott, eine Zeit der Versöhnung und Bestärkung des Glaubens. Kinder sind vom Fasten ausgenommen, dennoch freuen sie sich besonders auf das anschließende Ramadanfest („Zuckerfest", → S. 56).

Ramadanlaternen

Diese Laternen, im Original Fanus genannt, haben besonders in Ägypten eine lange Tradition. Sie dienen dazu, den Fastenmonat feierlich einzuleiten. Auch heute noch werden die bunten Laternen von Kindern durch die Straßen getragen. Mit den Worten „Ramadan karim" (gesegneter Fastenmonat) verkünden sie den Beginn des Fastenmonats. Ursprünglich wurden die Laternen aus dünnem Aluminiumblech mit bunten Glaseinsätzen gefertigt. Hier finden Sie eine für Kinder geeignete Bastelanleitung.

Material: fester Karton (DIN A3), verschiedenfarbiges Transparentpapier, Scheren, Klebstoff, silberfarbene Wasserfarbe, Drahtbügel, Laternenstab, Kerzenhalter für Laternen

Karton nach Vorlage zuschneiden und mit silberner Farbe bemalen. Verzierungen und Muster ausschneiden und mit buntem Transparentpapier hinterkleben. Seitenteile der Laterne abknicken und zusammenkleben. Drahtbügel und Kerzenhalter befestigen.

* Das Ramadanfest ist ebenso wie das Opferfest ein bewegliches Fest und findet nicht immer im Frühjahr statt. Da der Ramadan jedoch Parallelen zur Fastenzeit im Christentum aufweist, haben wir dieses religiöse Fest des Islam in diesem Kapitel aufgenommen.

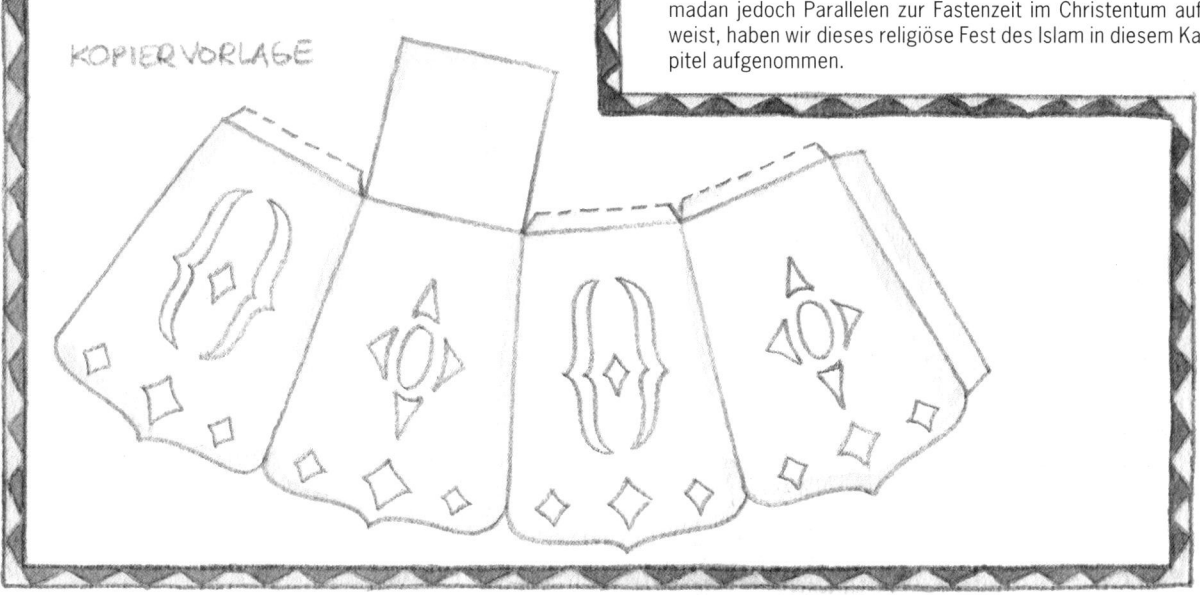

KOPIERVORLAGE

Das Ramadanfest oder Zuckerfest (Ramazan Bayrami oder Id al-Fitr)

Ramadan ist ein sehr wichtiges Fest im Islam. Es beschließt die lange Fastenzeit mit einem dreitägigen Freudenfest. Das Haus wird herausgeputzt, die Kinder bekommen neue Kleidung und Schuhe, man besucht die Verwandten, aber auch Alleinstehende oder Bedürftige werden eingeladen, und natürlich wird ausgiebig gegessen. Für die Kinder gibt es jetzt Süßigkeiten im Überfluss.

Am Morgen des ersten Feiertags steht ein feierlicher Besuch der Moschee mit anschließendem Familienfrühstück an.

Zuckerfest im Kindergarten

Bitten Sie die Eltern um Unterstützung bei der Vorbereitung und Durchführung des Zuckerfestes. Welche Bräuche gibt es? Wer kann Musik und Instrumente mitbringen? Wer würde einen Tanz mit den Kindern anleiten? Zum gemeinsamen Fest bietet sich ein festliches Frühstück mit den Eltern an oder ein gemeinsam verbrachter Nachmittag.

Vorbereitung: Schmücken der Räume (z. B. mit Webteppichen), Vorbereitung des Büfetts: Kochen und Backen mit den Kindern (z. B. Baklava oder Lokum), Vorbereitung von Spielen und Tänzen oder kleinen Theaterstücken

Opferfest

Das islamische Opferfest wird als Fest des Teilens und der Liebe nach dem islamischen Mondkalender 70 Tage nach Ramadan gefeiert. Es ist neben Ramadan das höchste islamische Fest und gilt als Höhepunkt der Pilgertage in Mekka. Das Opferritual geht auf die Geschichte von Ibrahim (Abraham) zurück, der seinen Sohn Ismael opfern sollte, um seinen Glauben an Gott zu bezeugen. Im letzten Moment schickte Gott jedoch den Erzengel Cebrail (Gabriel) mit einem Schafsbock zu Abraham. Traditionell schlachten alle, die es sich leisten können, zu diesem Fest ein Lamm und geben den Armen bzw. den Nachbarn davon ab.

Wie feiern die Kinder das Opferfest zu Hause? Welche Möglichkeiten gibt es, das Fest im Kindergarten / in der Schule zu feiern?

* Die Kinder basteln kleine Geschenke oder backen Kekse und verteilen sie an Freunde und Nachbarn.
* Zum Fest bringen alle Eltern kleine Geschenke mit, die eingepackt und mit Namen versehen werden.
* Am Nachmittag kann es ein internationales Büfett geben, für das alle Eltern ein einheimisches Gericht mitbringen.
* Ritual zum Teilen: Alle Kinder bringen ein Spielzeug von Zuhause mit. Im Stuhlkreis wird jedes Kind einzeln mit Namen aufgerufen, bekommt ein Geschenk überreicht und gibt sein mitgebrachtes Geschenk ab. Das so gesammelte Spielzeug wird dann mit einigen oder allen Kindern einer sozialen Organisation übergeben.

RAMADAN-KALENDER

RAMADAN-LATERNE

VORLAGE

Was schenkt mir der Sommer?

Die Sonne erreicht ihren Höhepunkt, es bleibt lange hell, die Kinder halten sich so viel wie möglich draußen auf. Die Natur schwelgt in Reifung und Fülle. Es ist die Zeit für Spiele im Freien, barfuß laufen, bäuchlings im Gras liegen, Baden und Eis essen. Die Sinne richten sich nach außen. Der Sommer lädt zu Ausflügen, Reisen und ausgelassenen Sommerfesten ein.

Gartentag

Im Frühjahr, Sommer und Herbst sollte jeweils ein gemeinsamer Gartentag als festes Ritual mit Kindern und Eltern eingeplant werden. So wird durch das aktive Pflegen und Gestalten ein wertschätzender Umgang mit der Natur eingeübt. Außerdem können die Eltern gemeinsam mit ihren Kindern das Gelände neu entdecken und gestalten und einen besonderen Bezug zu diesem Ort herstellen.

* **Blumenbeet:** ein Beet im Garten bzw. alternativ Blumenkästen für den Balkon anlegen. Erde durchgraben, Steine heraussuchen, Laub harken, Unkraut jäten, säen, gießen etc.
* **Kräuterbeet** anlegen, das vom „Kräuterhexendienst" gepflegt und geerntet wird.
* **Großprojekt:** Vielleicht kann einmal ein größeres Projekt, z.B. ein Weidenpavillon oder eine Hügellandschaft, realisiert werden.
* **Abschlussritual:** Gerade bei gemeinsamen Arbeitsaktionen darf ein Abschlussritual mit belohnendem Charakter nicht fehlen, z.B. eine Grillfeier am Abend im „neuen" Garten.

Tipp: Große Pflanzenbörse mit Stecklingen und Samen in der Einrichtung veranstalten.

Sternschnuppenzeit

Einmal, wenn Sternschnuppenzeit ist, eine nächtliche Wanderung machen und natürlich unbedingt etwas wünschen, wenn eine Sternschnuppe gesichtet wird.

Sommerzeit ist Zeit der Fülle

Als ein Sommerritual zur Feier der Fülle in der Natur kann gemeinsam Farbe und Duft in die Welt getragen werden.

* Blumensäaktion im Garten oder Park
* Bepflanzung einer Bürgersteiginsel

Orte der Besinnung schaffen

Eine Mitte gestalten

Sobald sich im Zentrum eines Raumes bzw. einer Gruppe eine gestaltete Mitte befindet, können wir uns auf diesen Fokus ausrichten. Dieses Ritual erzeugt mit wenig Aufwand eine große Wirkung und hilft sowohl Erwachsenen als auch Kindern, die eigene Mitte zu finden. Indem wir uns auf etwas Schönes konzentrieren, kommen wir zur Ruhe, verbinden wir uns mit positiver Energie und Licht. Diese Mitte kann ganz schlicht aus einem schönen Tuch und einer Kerze bestehen. Frische Blumen, schöne Steine, Karten oder andere besondere Gegenstände werden nach eigenem Bedürfnis oder Anlass hinzugefügt; z. B. ein Symbol für alle Elemente: eine Kerze für Feuer, ein Schälchen mit Erde, eines mit Wasser, für die Luft ein kleiner Engel.

Die Arbeit mit einer Mitte bedeutet auch, Achtsamkeit mit Grenzen zu lernen.

Tipp: Es gibt immer wieder Kinder, die die Mitte nicht sehen. Nutzen Sie den Umgang mit einer Mitte als Ausgangspunkt für ein Gespräch zum Thema Raum und Grenzen spüren und schützen, z. B.: Wie viel Raum habe ich zu Hause, in der Familie für mich? Wie sieht es in der Gruppe mit anderen Kindern aus?

Einen Altar bauen

Es gibt unterschiedliche Möglichkeiten, Orte der Besinnung zu schaffen. Während die Mitte immer wieder neu für einen Kreis ausgelegt wird, hat der Altar einen festen Platz.

Im Haus oder als Naturaltar im Freien kann er auf einem Tischchen oder aus Naturmaterialien aufgebaut und mit Kerzen, Bildern, Figuren, schönen Steinen etc. gestaltet werden. Im Zentrum dieses Rituals steht, dass – gerne auch gemeinsam mit den Kindern – ein Ort geschaffen wird, an dem man sich besinnen kann, den man aufsuchen kann, um sich zu konzentrieren. Siehe dazu auch die Gestaltung eines Jahreszeitentisches (→ S. 35). Solche Altäre sind Orte des Friedens, der Kraft und der Wahrnehmung! Kinder sind oft sehr empfänglich für die besondere Ausstrahlung und die feierlichen Momente, die so ein Altar bieten kann. Gerade in unruhigen Zeiten, wenn viel Trubel herrscht, kann ein fester klarer Platz eine sehr heilsame Wirkung haben.

Kinderkreis zum Thema verschiedene Kulturen

Richten Sie zur Vorbereitung und Einstimmung auf ein interkulturelles Fest gezielte Fragen an die Kindergruppe:

* Warst du schon einmal in einem anderen Land?
* Was hat dir dort besonders gefallen?
* Was war neu, aufregend, anders dort?
* Gab es Situationen, die dir fremd waren?

Die Kinder bringen Gegenstände, Bilder, Bücher oder Dias aus den Ländern ihrer Familien mit. Möglicherweise hat auch ein Elternteil Lust und Zeit, einen Bilder-Vortrag für die Kinder zu machen. Die Kindergruppe trägt typische Spiele, Lieder und Speisen unterschiedlicher Nationalitäten zusammen.

Unterschiedliche Kulturen

- Welche Feste können wir mit Kindern aus unterschiedlichen Kulturen feiern?
- Wie lassen wir Religionen oder Kulturen (und deren Rituale) gleichberechtigt in den Alltag einfließen?

Eine Möglichkeit ist es, neben Advent und Ostern z. B. auch das türkische Opferfest oder Zuckerfest (→ S. 56) mit allen Kindern zu feiern. Über das Erleben von Festen und Ritualen entwickeln Kinder einen Sinn für andere Kulturen. Wichtig ist die Erfahrung, dass andere anderes glauben und leben, und weniger ein rationales Verständnis der Unterschiede. Die alltägliche Erfahrung anderer Kulturen kann zu einem wertvollen und inspirierenden Austausch für Kinder und Erwachsene werden und dazu führen, dass Unterschiede akzeptiert werden, ohne sie zu bewerten oder als Konkurrenz zu betrachten. Es ist bereichernd, mit Kindern aus verschiedenen Kulturen Wissen und Erfahrungen zusammenzutragen und ihrer unterschiedlichen Herkunft Raum, Gehör und Sichtbarkeit zu verschaffen:

- Welche Symbole und Rituale gibt es in den verschiedenen Religionen und was bedeuten sie?
- Welche Lieder werden gesungen?
- Mit welchen Tänzen und welchem Essen werden Feste begangen?

Warum nicht einmal ein „Fest der Kulturen" feiern, das die Vielfalt der Gemeinschaft zelebriert?

Es gibt aber auch eine Vielzahl religions- und kulturenübergreifender Symbole und Themen zu entdecken, die schon mit kleinen Kindern erkundet werden können und mit deren Hilfe sie Gemeinsamkeiten und Unterschiede erfahren, z. B.:

- ***Lichterfeste:*** Bedeutung von Licht in verschiedenen Religionen.
- ***Persönlichkeiten:*** Die Bedeutung von Abraham in Christentum, Islam und Judentum, die Arche Noah oder der heilige Nikolaus in Christentum und Islam.
- ***Jahreszeitenfeste:*** Frühlingsfeier, Sommerfest, Erntedankfest, Schneefest, Natur und Bewahrung der Schöpfung als kulturen- und religionsübergreifendes Thema.

Ein Fest im Sommer: Kinderfest der Kulturen

Vielleicht wollen Sie in Ihrer Einrichtung nicht nur die unterschiedlichen Feste der Kulturen feiern, sondern den Reichtum betonen, der in der Vielfalt der Kulturen liegt. Feiern Sie einmal im Jahr ein Fest der Kulturen mit allen Sinnen. Jenseits der Worte können die Kinder etwas von ihren jeweiligen Kulturen, ihren Werten und Traditionen erfahren.

Ideen zum Fest der Kulturen

Vorbereitung
* Die Gruppe überlegt gemeinsam, wie ein Kinderfest der Nationalitäten aussehen könnte: Was wird gespielt oder gebastelt? Wie werden die Räume geschmückt? Welche Musik gibt es? usw.
* Beziehen Sie die Eltern in diese Ideensammlung mit ein und bitten Sie sie um Unterstützung.
* In der Vorbereitungszeit bringen die Kinder etwas aus der eigenen Kultur/Familie/Heimatstadt mit: einen traditionellen Gegenstand, ein Bild, ein Naturprodukt. Dazu werden Geschichten erzählt, Informationen gesammelt, Bilder gemalt oder gebastelt.
* Wenn die Kinder gemeinsam eine große Weltkugel bauen oder eine Weltkarte gestalten, bekommen sie eine Vorstellung von den geografischen Dimensionen, z.B. Lage und Größe der Herkunftsländer ihrer Familien.

Raumgestaltung
* Die Räume mit Symbolen, Flaggen, Gegenständen aus den vertretenen Ländern schmücken.

Festgestaltung
* Einfache Spiele, Kreistänze und Kinderlieder aus verschiedenen Kulturen vorbereiten.
* In jedem Raum eine besondere Aktivität, Bastelaktion oder ein Spiel aus einem Herkunftsland der Kinder anbieten.
* Ein internationales Büfett mit Informationen zu den Speisen macht das Fest zu einem kulinarischen Erlebnis.

Thematische Gestaltung des Festes
Hilfreich ist es, für das Fest einen thematischen Schwerpunkt zu wählen, z.B.
* Märchen der verschiedenen Kulturen: Dazu entwickeln sich Ideen für das Schmücken der Räume, Verkleiden während des Festes und Vorspielen der Märchen.
* Kinderspiele aus aller Welt: Das Thema bietet unzählige Möglichkeiten für die Vorbereitung (Basteln, Ausprobieren, Gestalten, Beschäftigung mit dem Land, aus dem das Spiel kommt) und die Festgestaltung selbst.

Tipp: Wenn für das Fest kein Garten zur Verfügung steht, einen Platz auf dem Spielplatz oder in einem Park mit Krepppapierbahnen und Blumen schmücken und damit abgrenzen. Oder Eltern oder Großeltern stellen ihren Garten zur Verfügung.

Interkulturelles Büfett

Durch die Vielfalt des Essens lernen wir andere Kulturen besser kennen. Büfetts, auf denen verschiedene Speisen und Spezialitäten unterschiedlicher Kulturen zusammengetragen werden, sind besonders köstlich und stiften ein Gemeinschaftsgefühl. Sie ermöglichen den Kindern, unterschiedliche Zubereitungsarten, neue Geschmacksrichtungen und Gewürze kennen und lieben zu lernen. Für viele Eltern im Kindergarten ist ein solches Büfett oft die erste Möglichkeit, etwas von sich und der eigenen Landestradition zu zeigen und sich über das gemeinsame Essen näher zu kommen.
Tipp: Wenn viele Nationalitäten vertreten sind, können die Gerichte mit kleinen Flaggen gekennzeichnet werden.

Herzhafte U-Boote (Türkei)
(30–40 Stück)

Zutaten für den Teig: 500 g Mehl, 1 Würfel Hefe, Salz, warmes Wasser
Zutaten für die Füllung: 1 große Zwiebel, 3 Tomaten, 2–3 grüne Spitzpaprika, 400 g Rinderhackfleisch, 1 Bund Petersilie, 1 EL Tomaten- oder Paprikamark, Salz und Pfeffer
Vorbereitung: Backofen auf 175 °C vorwärmen.

Mehl, Hefe, Salz und Wasser zu einem Teig verarbeiten, der nicht mehr klebt. Den Teig abgedeckt eine Stunde ruhen lassen. Zwiebel, Tomaten und Paprika in kleine Würfel schneiden, mit den restlichen Zutaten für die Füllung vermengen und anbraten.
Vom Teig tomatengroße Kugeln abtrennen, ausrollen, ein bis zwei EL Füllung darauf geben und an den Seiten andrücken. Die Schiffchen in 30 Minuten bei 175 °C backen.

Literaturempfehlungen für Kinder
- Gaby Scholz, Martina Mair (2007): Geschichten aus der Arche Noah. München: Pattloch-Verlag.
- Kiga-Fachverlag (2002; Hg.): Freunde aus aller Welt. St. Ingbert.
- Aygen-Sibel Çelik, Barbara Korthues (2007): Sinan und Felix. Wien: Betz.
- Monika Tworuschka (2004): Die schönsten Tiergeschichten der Religionen. Düsseldorf: Patmos-Verlag.
- Willi Fährmann, Jutta Mirtschin (2003): Nikolaus und Jonas mit der Taube. Würzburg: Echter Verlag.

Mahlzeiten sind kostbare Begegnungen

Rituale halten Leib und Seele zusammen

Durch Rituale lässt sich ein Bewusstsein für die Bedeutung gesunder Ernährung fördern, Interesse, Appetit und Freude wecken. Eine gesunde, möglichst abwechslungsreiche und ausgewogene Ernährung ist die Basis für unser allgemeines Wohlbefinden. Sie wirkt sich direkt auf die Gesundheit, unser Körpergefühl und unsere Stimmungen aus. Wir können Kindern vermitteln, dass Nahrung Achtung verdient, verbunden mit der Wertschätzung des eigenen Körpers und der Gesundheit. Das Wort Nahrung kommt von nähren, heilen, gesund werden. Damit eine Mahlzeit wirklich nährend ist, zählt nicht nur, was wir essen, sondern auch wie wir essen. Die Freude und der Genuss beim Essen sind die beste Voraussetzung, um gesund zu bleiben. Gerade Kinder nehmen ihre Umwelt mit allen Sinnen auf und reagieren empfindlich auf Spannungen und Stress beim Essen. Die Grundfrage zum Thema Rituale rund um das Essen kann lauten: Welche Nahrung und welche Atmosphäre sind stärkend?

Kinderkreis zum Thema Essen

Anlässlich eines Festes oder auch aufgrund aktueller Probleme beim Essen bietet sich hier unerschöpflicher Gesprächsstoff, von gesunder Ernährung bis hin zu angenehmen Tischsitten. Hier nur einige Anregungen:

* Was brauche ich, damit mir Essen Spaß bringt, und was verdirbt mir den Appetit?
* Wann habe ich Hunger? Auf was habe ich Hunger? Wann bin ich satt?
* Was wächst eigentlich wann und wie sieht das Gemüse aus, bevor es gekocht wird?
* Was essen Kinder aus anderen Ländern und wie wird dort gegessen?
* Welche Rituale und Tabus/Verbote kenne ich aus meiner Familie (Kultur)?
* Gibt es typische Gerichte zu besonderen Anlässen?

Rituale vor dem Essen

Die Zubereitung ritualisieren

Der Trend zu Fastfood wächst und „verdirbt" auf Dauer den Geschmack. Setzen Sie dieser Entwicklung spielerisch etwas entgegen: Wenn die Vorbereitung zum sinnlichen Erlebnis wird, kann sie auch Neugier und Appetit auf gesundes Essen wecken! Erklären Sie, dass Nahrung uns stärken oder schwächen kann, z.B. unterstützt viel frisches Obst und Gemüse Vitalität und Zufriedenheit – zu viel Fettes und Zucker machen eher schlapp und lustlos. Gehen Sie auf Entdeckungsreise: Erkunden Sie gemeinsam unterschiedliche Gemüsesorten. Beim Reinigen kann jedes Stück bewusst in die Hand genommen und befühlt werden, beim Schnippeln gibt es sichere Techniken und tolle Farben und Strukturen zu entdecken. Lassen Sie auch mal mit verbundenen Augen Obst und Gemüse ra-

ten, die unterschiedlichen Gerüche wahrnehmen, Formen und Konsistenz fühlen.
Tipp: Besuchen Sie mit den Kindern einen Markt oder einen Hofladen.

* **Händewaschen:** Durch dieses Reinigungsritual mit frischem Wasser und duftender Seife eine kleine Zäsur setzen. Die Tätigkeit zuvor ist jetzt abgeschlossen, ich mache mich frisch für das Neue.
* **Tischdecken:** Diese Aufgabe bedeutet Verantwortung zu übernehmen, einen aufmerksamen Blick zu trainieren und mitzudenken. Haben alle, was sie brauchen (z. B. passendes Besteck, ein Glas)?
* **Essen einläuten:** Mit einem Gong, Glöckchen oder Lied werden alle zusammengerufen.

Tischgestaltung als Einladung

Ein liebevoll gestalteter Esstisch weckt Vorfreude. Das Auge isst mit, auch bei Kindern. Solche Rituale der Aufmerksamkeit lassen sich auch im Alltag mit wenig Aufwand realisieren und haben großen Einfluss auf die Lebensqualität. Hier ein paar Beispiele:

* gemeinsam den Tisch schmücken
* eine Kerze pro Gruppe
* frische Blumen
* Speisen schön zubereiten und ansprechend anrichten
* Sonne oder Rose auf die Butter ritzen
* Speisen mit frischen Kräutern und essbaren Blüten verzieren

Bei besonderen Anlässen

* Tiere aus Gemüse schnitzen
* Speisen färben: Reis mit roter Beete rosa, mit Curry oder Gelbwurz gelb färben.
* Zu bestimmten Tagen, z. B. am Sonntag oder an Feiertagen, ein besonderes Tischtuch auflegen (→ auch S. 53, Stoff- oder Papierdecke selbst bedrucken).
* Zur Festgestaltung Tisch mit Bastelarbeiten und Symbolen der Jahreszeit dekorieren.
* Tischkärtchen gestalten.
* Servietten dekorativ falten.
* Stoffservietten mit persönlichem Serviettenring schmücken.

Laminierte Sets

Kunstvoll gestaltete Tischsets schmücken jeden Platz am Tisch ganz individuell.

Material: bunte Papier- und Geschenkpapierreste, buntes Papier (DIN A3), Kleber, Scheren, Buntstifte, evtl. Bildvorlagen von Tieren oder Nahrungsmitteln

Aus buntem Papier und Geschenkpapierresten gestalten die Kinder auf einem DIN A3 großen Bogen Bilder, z. B. von Tieren, die etwas verspeisen (z. B. ein Elefant mit Bananen) oder ein Thema aus dem Bereich des Essens (ein gefüllter Gemüsekorb, Fantasiefrüchte). Für das Laminieren einen Rand von ein bis zwei Zentimetern frei lassen. Im Kopierladen können die Bilder laminiert werden.

Tipp: Wenn die Tiere zuvor aus Karton ausgeschnitten werden und dieser beidseitig gestaltet wird, entstehen Sets zum Wenden. Wenn Sie den Papieruntergrund einfach weglassen, bleiben die Zwischenräume durchsichtig.

Tischrituale

Einstimmungsrituale wie Singen oder Beten vor der Mahlzeit können eine fröhliche Stimmung, ein Gefühl von Dankbarkeit und Konzentration fördern. Wenn wir uns zum Essen die Hände reichen und gemeinsam singen bzw. beten, verbinden wir uns bewusst miteinander.

Tischsprüche

Kinder lieben Reime. Der wiederholte Wortklang in rhythmischer Form ist gerade in einfacher Form besonders ansprechend. Entwickeln Sie mit den Kindern gemeinsam ein Ritual.
Tipp: Selbst erfundene Sprüche mit lebendigen Gesten kombiniert können auch spielerisch Probleme aufgreifen, z.B.: *Wenn die Maus nicht genug kaut, bleibt leider Vieles unverdaut …*

Tischlied (Kanon)

Froh zu sein bedarf es wenig und wer froh ist, ist ein König.

Fünf kleine Fische

(je nach Anzahl der am Tisch Sitzenden)

Fünf kleine Fische
schwammen rasch zu Tische, *(mit den Händen Schwimmbewegungen machen)*
reichten sich die Flossen *(= Hände)*
haben dann beschlossen,
nicht mehr lang zu blubbern, *(blubbern)*
sondern schnell zu futtern,
sangen noch ihr Lied:
„Guten Appetit".

Esskultur fördern

Damit das Essen tatsächlich ein erfreuliches Gemeinschaftserlebnis wird, ist es sinnvoll, bestimmte Spielregeln festzulegen. Es macht Sinn, diese Tischsitten zusammen zu besprechen (z.B. im Kinderkreis oder einer Familienkonferenz) und die zugrundeliegenden Werte und Wünsche für das Zusammenleben zu vermitteln. Vergessen Sie nicht, dass Sie als Erwachsener als Vorbild dienen, das nachgeahmt wird. Schaffen Sie ein Umfeld, in dem genussvoll Gesundes miteinander verspeist wird und Kinder günstige Verhaltensweisen erlernen können.

* **Grundregeln benennen:** z.B. „Konzentrier dich bei den Mahlzeiten ganz auf das Essen und mach nicht gleichzeitig noch andere Dinge wie Fernsehen, Computerspiele oder Bilderbücher anschauen."
* **Tischmanieren und Zauberworte lernen:** z.B. um etwas bitten und für etwas Danke sagen, sowie sich Speisen reichen und in Empfang nehmen.
* **Teilen lernen:** z.B. „das Brot brechen" und gemeinsam verspeisen, einen Kuchen oder leckeren Nachtisch gerecht unter allen Anwesenden verteilen kann wesentlich zum Gemeinschaftsgefühl einer Gruppe beitragen.

Rituale nach dem Essen

* **Die Tafel aufheben:** z.B. mit einem Beifall für die Köchin oder den Koch.
* **Kinder warten auf Kinder,** da es beim Essen auch um Rücksichtnahme und das gemeinschaftliche Erlebnis geht.
* **Achtsames Abdecken:** Aufräumen würdevoll und dadurch befriedigend gestalten, z.B. bewusst jedes Ding wieder an seinen Ort bringen, das Geschirr aufmerksam abtragen, die Nahrungsreste achtsam versorgen, den Tisch wieder sauber wischen – und so Platz für Neues schaffen.

Individuelle Rituale für besondere Situationen

Oftmals dürfen Kinder aufgrund von gesundheitlichen, religiösen oder ideologischen Gründen manches nicht essen. Für Kinder ist hier absolute Klarheit wichtig. Das bedeutet z. B. eindeutige Absprachen zwischen Eltern und ErzieherInnen, ohne daraus ein großes Thema zu machen. Auch bestimmte Essgewohnheiten können zum Problem werden, z. B. die Tendenz zum Schlingen. Entwickeln Sie selbst kleine Rituale zur Unterstützung der Kinder beim Essen ...

Süßes Tauschritual

Paul macht aus gesundheitlichen Gründen eine Ernährungsumstellung, die auch den Verzicht auf Süßigkeiten bedeutet. Kürzlich war er wieder auf einem Geburtstag eingeladen, und diesmal ging es ohne Tränen. Bisher war es immer eine Quälerei gewesen, auf all die leckeren Kekse, Schokolade etc. verzichten zu müssen. Immer musste er alles ablehnen und dann auch noch erklären, wieso. Das war Paul oft richtig peinlich und er fühlte sich als Außenseiter. Wenn er jetzt Leckereien geschenkt bekommt, nimmt er sie gerne an und bringt sie einfach mit nach Hause. Dort übergibt er sie seinen Eltern, die alles in einem Büchlein notieren und sammeln, bis ein bestimmter Wert zusammengekommen ist. Dann darf Paul zusammen mit den Eltern in seinen Lieblingsladen gehen und sich ein schönes Buch oder Spielzeug aussuchen. Durch dieses Tauschritual schafft er es, sich konsequent an den Verzicht zu halten und fühlt sich auch nicht mehr ständig benachteiligt. Letztens war seine Schwester schon fast eifersüchtig auf den tollen Tausch ...

Kaurituale

Das Kauen ist ein wichtiger Vorgang, denn die Verdauung beginnt bereits im Mund: „gut gekaut ist halb verdaut". Besonders übergewichtige Kinder sollten wissen, dass Kauen eine Muskelarbeit ist, die das Gehirn sehr genau wahrnimmt:

* Je weniger du kaust, desto mehr musst du essen, um dich satt zu fühlen.
* Grundsätzlich gilt: Achtsamkeit beim Essen ist hilfreich. Das bedeutet z. B., nicht nebenbei fernzusehen oder Computerspiele zu machen. Auch ein Einstimmungsritual, durch das du kurz innehälst und dich auf das Essen besinnst, bevor es losgeht, kann dich beim Kauen unterstützen.

Kaumeditation: Esst gemeinsam in Zeitlupe einen Apfel. Nimm zuerst Farbe und Form bewusst wahr, stecke dann einen kleinen Schnitz in den Mund, spüre den frischen Saft auf der Zunge, kaue langsam und genießerisch und schlucke zum Schluss das „Apfelmus" herunter und stell dir vor, wie es nun gut zerkleinert in deinen Magen gelangt und dich stärkt. Auch Schokolade lässt sich in kleine Stückchen zerteilen, die du langsam und genüsslich im Mund zergehen lassen kannst.

Kauwettbewerb: Nehme ganz bewusst kleine Bissen und kaue die Nahrung gründlich durch, bis sich der Geschmack verändert und süßlich wird. Wer am längsten kaut, hat gewonnen.
Tipp: Stille-Momente während der Mahlzeiten schaffen. Schließe die Augen und konzentriere dich ganz und gar auf den Geschmack und die Konsistenz der Speisen. Verändert sich etwas beim längeren Kauen? Was schmeckst du?

Fastenrituale

Fastenrituale sind eine gute Möglichkeit, ein neues Essverhalten einzuüben. Sie müssen nicht zwingend an Ostern gebunden sein, auch nach Weihnachten oder wenn z.B. der Verzehr von Chips überhand nimmt, kann ein guter Zeitpunkt sein (→ S. 51, Fastenzeit vor Ostern).

Lockrituale

Experimentieren Sie mit Zubereitung, Konsistenz und Optik der Speisen und beziehen Sie die Kinder mit ein: Mal wird geraspelt, mal gehobelt oder in Scheiben oder Streifen geschnitten.
Appetitanregendes Knabberritual: Obst oder Gemüse als Vorspeise oder jeden Nachmittag als Imbiss anbieten.
Tipp: Ab und zu ein witziges Gesicht oder Tier mit den Speisen legen.

Kostproben

Es muss nicht alles aufgegessen werden, aber von allem sollte gekostet werden. Wenn diese Grundregel klar ist, können Kinder durch das tägliche Probieren von kleinen Testhäppchen überraschende Erfahrungen machen: Vieles Unbekannte schmeckt trotz komischen Geruchs und befremdlicher Farbe. Zudem ist Probieren wichtig für die Geschmacksentwicklung, denn Geschmack und Vorlieben verändern sich!

Variante
Jedes Kind darf zwei oder drei Gemüsesorten aussuchen, die es nicht essen muss, alles andere wird probiert.

Essen einmal anders

Vielleicht gibt es von Zeit zu Zeit den Wunsch, einmal anders zu essen. Dabei können die Kinder erleben, wie in anderen Kulturen gegessen wird, und essen bewusster oder erkunden so einen neuen Ort zum Essen. Sie können neue Formen der Esskultur entdecken und persönliche Rituale entwickeln.

Wie essen Kinder in anderen Ländern?

Das Thema Essen eignet sich wunderbar, um sich nicht nur über die Spezialitäten und Leckereien anderer Länder zu informieren (und sie natürlich zu probieren), sondern auch zu erfahren, wie in anderen Ländern gegessen wird:
* Mit den Fingern essen (das macht über ein Drittel der Menschheit!).
* Im Schneidersitz auf dem Boden essen.
* Aus einer Schüssel gemeinsam essen (wenn niemand erkältet ist).
* Einfache Speisen essen, z. B. Reis mit Bohnen.

Mittwoch-Lena-Lasagnetag

Einmal in der Woche/im Monat woanders zu speisen, z. B. bei Großeltern oder FreundInnen, kann Kindern einen neuen Zugang zum Essen erschließen. Sie können andersartige Gerichte und Rituale kennenlernen, vielleicht wird auch gemeinsam gekocht.
Tipp: Wenn zu Hause wenig Möglichkeiten bestehen, warum nicht begeisterte Küchenfeen und Hobbyköche im Verwandten- und Bekanntenkreis fragen, ob sie ihr Kind mit der Kunst des Kochens oder Backens vertraut machen würden.

Essen als Familienritual

Mahlzeiten sind oft *die* Zeiten, zu denen alle Familienmitglieder zusammenkommen. Machen Sie sie zu einem erfreulichen Familienritual, indem Sie zusammen überlegen, wie die Küche oder das Esszimmer ein Ort des Gesprächs und der Wahrnehmung füreinander wird. Das gemeinsame Abendessen kann z. B. ein guter Zeitpunkt sein, voneinander zu erfahren, was jeder erlebt hat, und wichtige Themen in der Familie anzusprechen …
* Tauschen Sie sich über Ihre aktuellen Bedürfnisse und eventuell übernommene Tischsitten aus Ihren beiden Herkunftsfamilien aus.
* Treffen Sie konkrete Absprachen als Zeichen der Wertschätzung der gemeinsamen Zeit, z. B.: Wir essen gemeinsam, nicht jeder wann er will, besonders am Wochenende.
* Klären Sie den Verzicht auf Telefon, Fernseher, Computer o. Ä. während des Essens.
* Ermuntern Sie Kinder, ihre eigene Sprache zu finden, um von ihren Erlebnissen und Gefühlen, von dem, was sie bewegt, zu berichten.
* Entwickeln Sie Ihre persönlichen Familienrituale bei Mahlzeiten im Alltag und am Wochenende, z. B. Wunschmusik oder frisch gepresster Saft zum Sonntagsfrühstück …

Tipp: Fragen Sie Ihre Kinder, ob sie im Kindergarten oder bei Freunden Rituale kennengelernt haben, die sie gerne zu Hause einführen möchten.

Literaturempfehlung für Kinder
➥ Julia Volmert, Susanne Szesny (2003): Bert, der Gemüsekobold oder Warum man gesunde Sachen essen soll. Wuppertal: Albarello Verlag.

Abschied nehmen, trauern und Trost finden

Rituale erleichtern das Loslassen

Lernen Abschied zu nehmen

Abschied von jemandem oder etwas führt immer zu einer Übergangssituation, in der etwas Altes endet und etwas Neues beginnt. Das gilt für die alltäglichen „kleinen" Verabschiedungen, wie für „größere" Abschiede an einem Lebensabschnitt (z. B. der Abschluss der Kindergartenzeit oder ein Umzug) und natürlich für den endgültigen Abschied beim Verlust eines Menschen. Rituale helfen, diese Übergänge bewusst zu gestalten und zu erleben, und erleichtern so das Loslassen. Im Rahmen einer Abschlussfeier kann ein Abschied vollzogen werden, indem eine bestimmte Zeit oder ein Mensch nochmals Liebe, Würdigung und Respekt erfahren. An kleinen Abschieden können Kinder wachsen und für größere Abschiede üben.

Trauer hat viele Gesichter

Verluste lösen sehr ambivalente Empfindungen wie Wut, Schuldgefühle oder Verlassenheitsängste aus. Trauer ist ein vielschichtiges Gefühl, das unterschiedlich erlebt und ausgedrückt wird. Sie kann sich bei Kindern durch Tränen, Albernheit, Aggression, wütenden Protest, wortlosen Rückzug oder auch ganz anders zeigen. In welcher Form und wie lange getrauert wird, hängt in erster Linie vom Kind und von der Art der Beziehung zu dem verstorbenen Menschen oder Tier ab. Obwohl Trauer ein Ausdruck von Lebendigkeit ist, ist sie leider immer noch gesellschaftlich tabuisiert und macht anderen oft Angst.
Erinnern Sie sich immer wieder daran, dass Trauern eine gesunde und wichtige Reaktion auf etwas Verstörendes wie Trennung oder Tod ist. Wenn wir sie nicht zulassen und ausdrücken, kann sie lebensbehindernd wirken und krank machen. Das Betrauern eines Verlustes, die Würdigung dieser Empfindungen ist wichtig, um irgendwann auch wieder loslassen zu können und sich für positive Gefühle zu öffnen.

Durch Rituale Sicherheit und Trost erfahren

Rituale schaffen Sicherheit und geben Orientierung. Diese grundsätzliche Qualität ist besonders wichtig für Kinder in Umbruchsituationen. Eine Trennung durch Scheidung oder Tod bringt zunächst alles aus dem Gleichgewicht. Bei diesem angstbesetzten Thema ist es wichtig, durch Rituale wieder Sicherheit und Vertrauen zu schaffen. Kindern kann die vertraute Struktur im Kindergarten Stabilität im Alltag bringen. Gerade dann ist die Erfahrung wichtig: Es gibt noch Dinge, wie den Morgenkreis und den Mittagsschlaf, die weiter existieren, auf die ich mich verlassen kann!
Übergangsrituale markieren den Punkt zwischen Vorher und Nachher. Eine Zäsur, die hilft, innezuhalten, das Alte abzuschließen und Raum für Neues zu schaffen bzw. wahrzunehmen. Manchmal ist schon allein das Benennen einer Veränderung heilsam, um die Ablösung bewusst zu vollziehen. Rituale können für einen geschützten Raum sorgen und einen Handlungsrahmen bieten, der es uns erleichtert, einen Verlust zu akzeptieren und neue Hoffnung zu schöpfen. Besonders trostspendend wirken Erinnerungsrituale, die eine innere Ausrich-

tung auf die Dankbarkeit ermöglichen und die Verbindung zu allen Beteiligten stärken.

Mit besonderen Themen wie Abschied, Trennung und Tod umzugehen erfordert hohe Sensibilität. Gerade deshalb brauchen Kinder verlässliche GesprächspartnerInnen: neben den Eltern – besonders wenn diese gerade selbst akut betroffen sind – können das ErzieherInnen sein. Wenn Sie das Thema Vergänglichkeit und Tod in einem Projekt vertiefen wollen, denken Sie daran, im Vorfeld genug Raum zu schaffen für die Reflexion der eigenen Gefühle sowie für den Austausch mit den Eltern. Wir möchten Ihnen mit folgenden Beispielen ermutigende Impulse geben, Ihre eigenen Abschiedsrituale zu finden. Sicherlich kann dies keine therapeutische Hilfe ersetzen, die bei traumatisierten Kindern unerlässlich ist. Aber vielleicht können Sie Kindern eine tröstliche Erfahrung mit einem schmerzhaften Thema ermöglichen und den Umgang mit einem Verlust erleichtern.

Verabschiedung von den Eltern

Die deutliche Markierung einer Abschiedssituation ist für Kinder (ebenso wie für Erwachsene) ein wichtiger Moment des Innehaltens, um emotional nicht ins Leere zu laufen. Es lohnt sich, auch alltägliche kleine Übergangsrituale bewusst zu vollziehen. Fragen Sie sich, was kann ich dazu beitragen, dass im Moment des Verabschiedens und Begrüßens eine wirkliche Begegnung stattfindet? Nehmen Sie sich die Zeit, um sich in die Augen zu schauen, zu umarmen oder was immer Sie brauchen, um wirklich im Kontakt zu sein. Auf dieser Basis ein festes Ritual zu entwickeln, kann sowohl für Kinder als auch für Erwachsene Sicherheit und Vertrauen schaffen.

Besonders kleinen Kindern fällt es oft schwer, sich von den Eltern zu trennen. Dann kann es sinnvoll sein, das Loslassen schrittweise zu vollziehen: von der Umarmung über das Halten der Hände bis hin zum Winken und Luftküssen o. Ä. aus der Entfernung. Ob Sie Ihr Kind zum Abschied segnen, eine gute Zeit wünschen oder ohne Worte die Stirn aneinander legen – entwickeln Sie Ihr persönliches Abschiedsritual, auf das sich Ihr Kind verlassen kann. Verbindliche Absprachen als ein fester Bestandteil des Rituals fördern das Vertrauen in diese Übergangssituationen: Benennen Sie kurz, dass Sie jetzt gehen und wann Sie sich wiedersehen. Zunächst gibt der immer gleich bleibende Ablauf Kindern Stabilität und Sicherheit. Langfristig spiegelt sich allerdings gerade in Abschiedsritualen deutlich wider, dass sich die Bedürfnisse der Kinder mit dem Älterwerden und der zunehmenden Selbstständigkeit verändern.

Abschiedsrituale im Kindergarten

Gerade in der Eingewöhnungsphase wird ein wichtiger Übergang vollzogen: der Abschied von der reinen Familienzeit und der Beginn der Kindergartenzeit. Wenn Kinder plötzlich allein in einer zu Beginn noch völlig fremden Umgebung mit unbekannten Erwachsenen und Kindern konfrontiert sind, helfen kleine Übergangsrituale. Vielleicht kennen Sie auch die Situation, dass es Ihnen als Eltern schwer fällt, Ihr Kind loszulassen. Neben den Abschiedsritualen sei in diesem Zusammenhang auch auf die Bedeutung der Begrüßungsrituale für die Neuen hingewiesen, die den Anfang schöner und leichter machen (→ S. 90).

Tipps zur Verabschiedung (für die Eltern)

* Vermeiden Sie Erwartungsdruck auf das Kind.
* Steigern Sie eventuell langsam die „elternfreie" Zeit, z. B. anfangs zwei Stunden im Hintergrund noch anwesend sein, später nur noch 10 Minuten usw.
* Verhalten Sie sich möglichst passiv. Aktive PartnerInnen sind jetzt die ErzieherInnen und die anderen Kinder.
* Schleichen Sie sich nicht heimlich weg, sondern verabschieden Sie sich bewusst.
* Wichtig ist auch, dass Sie als Eltern loslassen können, dass Sie Vertrauen in Ihr Kind und in die neue Situation vermitteln.

Abschiedsritual in Etappen

Besonders zu Beginn der Kindergartenzeit können Rituale, die den Abschied stufenweise vollziehen, diesen wichtigen Schritt für Eltern und Kind erleichtern.

* eventuell noch gemeinsam ein Buch lesen
* Gongschlag (zum Frühstück) als Zeichen für den endgültigen Abschied
* Rausschubsen der Eltern
* Kinder winken aus einem besonderen Fenster, das mit Sternen o. Ä. dekoriert ist

Vertrauter Gegenstand als magische Beigabe

Bei längeren Trennungen, wie der ersten Übernachtung bei der Freundin oder einem Wochenende bei den Großeltern, ist es gut, in Verbindung zu bleiben. Geben Sie ihrem Kind etwas Konkretes zum Festhalten mit, etwas Vertrautes, ein Kleidungsstück (z. B. Schal) mit Ihrem Duft, einen persönlichen Gegenstand von Ihnen, ein Lieblingstier oder -spielzeug Ihres Kindes, einen Handschmeichelstein, der sich angenehm anfühlt und auch dadurch beruhigt, dass er in der Hand langsam warm wird.

Abschied vom Kindergarten

Der Abschied vom Kindergarten ist einer der ersten großen Übergänge im Leben eines Kindes, der gewürdigt und zelebriert werden will. Eine Lebensphase ist vorbei und eine neue, die Schulzeit, beginnt. Gestalten Sie diesen Abschied bewusst. Der Kindergarten ist ein wichtiger Lebensort für ihr Kind geworden. Es hat dort viele Stunden verbracht, wichtige neue Erfahrungen und Entwicklungsschritte gemacht und eine besondere Beziehung zu den ErzieherInnen und anderen Kindern aufgebaut. Schenken Sie Ihrem Kind die Erfahrung, dass mit dem bewussten Loslassen und Verabschieden von etwas Altem immer auch Raum für etwas Neues entsteht.

Eine entsprechende Abschlussfeier kann in Form eines Sommerfestes im Rahmen einer mehrwöchigen Projektphase vorbereitet werden. Beziehen Sie die Eltern in die Festgestaltung mit ein (Büfett, Theater, u. ä. Präsentationen, ggf. Kindergottesdienst). Mit folgenden Ritualen können Sie die Kinder in eine neue Lebenssituation begleiten und ihnen gute Wünsche, Erinnerungen und Mutmachendes mit auf den Weg geben.

Abschiedsfest

Hier ein paar Anregungen, wie Sie ein Abschiedsfest schön gestalten können:

* Spaziergang durch alle Zimmer und den Garten
* Ereignisse und Höhepunkte der letzten Jahre benennen
* Kinder können sich untereinander bei jedem für etwas bedanken, das ihnen besonders gut gefallen hat, z. B. für Hilfsbereitschaft, Lachen, Teilen, Trösten etc.
* Alle sitzen im Kreis und jedem Kind wird persönlich ein „Wunsch für die Zukunft" mitgegeben
* Gruppenfoto machen
* gemeinsames Lied zum Abschied singen (z. B. „Ich schenk dir einen Regenbogen", → S. 72)
* feierliche Übergabe eines Abschiedsgeschenkes als Zeichen für die Wertschätzung der gemeinsam erlebten Zeit
* feierliche Übergabe eines persönlichen Kindergartendiploms
* Gegenstand, z. B. Lieblingstasse, aus der Kindergartenzeit mitnehmen
* die Kinder auf einem festen Tuch schaukeln und schließlich durch die Tür hinaus „ins neue Leben fliegen" lassen
* draußen mit Konfettitröten und kleiner Schultüte begrüßen

Ich schenk dir einen Regenbogen

Text und Melodie: Dorothée Kreusch-Jacob

Ich schenk dir einen Regenbogen rot und gelb und blau.
Ich wünsch dir was! Was ist denn das? Du weißt es doch genau!

Ich schenk dir 100 Seifenblasen, sie spiegeln mein Gesicht.
Ich wünsch dir was! Was ist denn das? Nein, ich verrat's dir nicht!

Ich schenk dir eine weiße Wolke hoch am Himmel dort!
Ich wünsch dir was! Was ist denn das? Es ist ein Zauberwort!

Ich schenk dir einen Kieselstein, den ich am Wege fand.
Ich wünsch dir was! Was ist denn das? Ich schreib's in deine Hand!

Ich schenk dir einen Luftballon, er schwebt ganz leicht empor.
Ich wünsch dir was! Was ist denn das? Ich sag's dir leis' ins Ohr!

Ich schenke dir ein Kuchenherz, drauf steht: „Ich mag dich so!"
Ich wünsch dir was! Was ist denn das? Jetzt weißt du's sowieso!

Abschiedsgeschenke

* Karte oder T-Shirt mit Handabdrücken
* Gruppenfoto
* Gruppenbild gemalter Selbstportraits auf großes Blatt oder Stofftasche kopieren
* Kindergarten-Mappe: Erinnerungsmappe mit Fotos und Bildern aus der Krippenzeit und dem Elementarbereich (→ S. 89)
* CD mit Bildern aus der Kigazeit
* Ordner mit Liedern (Dokumenten)
* Wechselwäsche-Beutel gestalten
* Freundschaftsbänder
* Schatzkästchen (→ S. 84)

Übergaberitual

Wenn die älteren Kinder aktiv ihr „Reich" an Jüngere übergeben, kann dies zu einem kraftvollen Abschiedsritual werden. Dafür räumen und säubern sie gemeinsam alle Räume und bereiten den Neuankömmlingen einen schönen Empfang.

Vergänglichkeit begreifen

Kinder werden in unterschiedlicher Weise mit der Vergänglichkeit im Leben konfrontiert. Bereits wenn ein Spielzeug kaputt geht, eine Vase zerbricht oder die Märchenstunde zu Ende geht, wird diese Dimension berührt. Nehmen Sie die Trauerphasen ihres Kindes um einen Verlust ernst. Dabei kann es hilfreich sein, auch diese kleinen Verluste deutlich zu benennen, das Bedauern zu fühlen und auszusprechen.

Stirb und werde in der Natur

Die Dimension von Vergänglichkeit und dass der Tod zum Leben dazugehört, können Sie Kindern gut anhand der natürlichen Kreisläufe von Werden und Vergehen näher bringen. Ein Beispiel ist der Wechsel der Jahreszeiten, wenn z.B. der Winter weichen muss, damit der Frühling kommen kann (→ S. 49). Jedes Ende beinhaltet schon den Kern des Neuen: Stirb und werde.

* Dies können Bilder von einem Baum im Wandel des Jahres deutlich machen oder auch die Beobachtung einer Blüte von der Knospe bis zum Verwelken.
* Ein weiteres Beispiel ist die wunderbare Verwandlung des Schmetterlings: Aus einem winzigen Ei wird die Raupe, die sich verpuppt, bis schließlich aus dem abgestorbenen Kokon der Falter schlüpft.
* Auch der Kompost macht dieses Prinzip deutlich, wenn aus abgestorbenen Pflanzen Erde wird, die wiederum Nährboden für neues Wachstum liefert.
* Oder sammeln Sie gemeinsam Blätter und untersuchen Sie die feinen Veränderungen über einen längeren Zeitraum immer wieder genau mit der Lupe.
* Ein Gespür für Zeit und Rhythmen können Kinder auch mit der Beobachtung der Tageszeiten entwickeln. Wir können Ihnen erklären: Alles hat seine Zeit, Tag und Nacht, Schlafen und Wachen, Toben und Ausruhen, Lachen und Weinen …

Der Umgang mit Verlusten und das Loslassen werden leichter, wenn alles in einen größeren Zusammenhang und Kreislauf eingebettet wird.

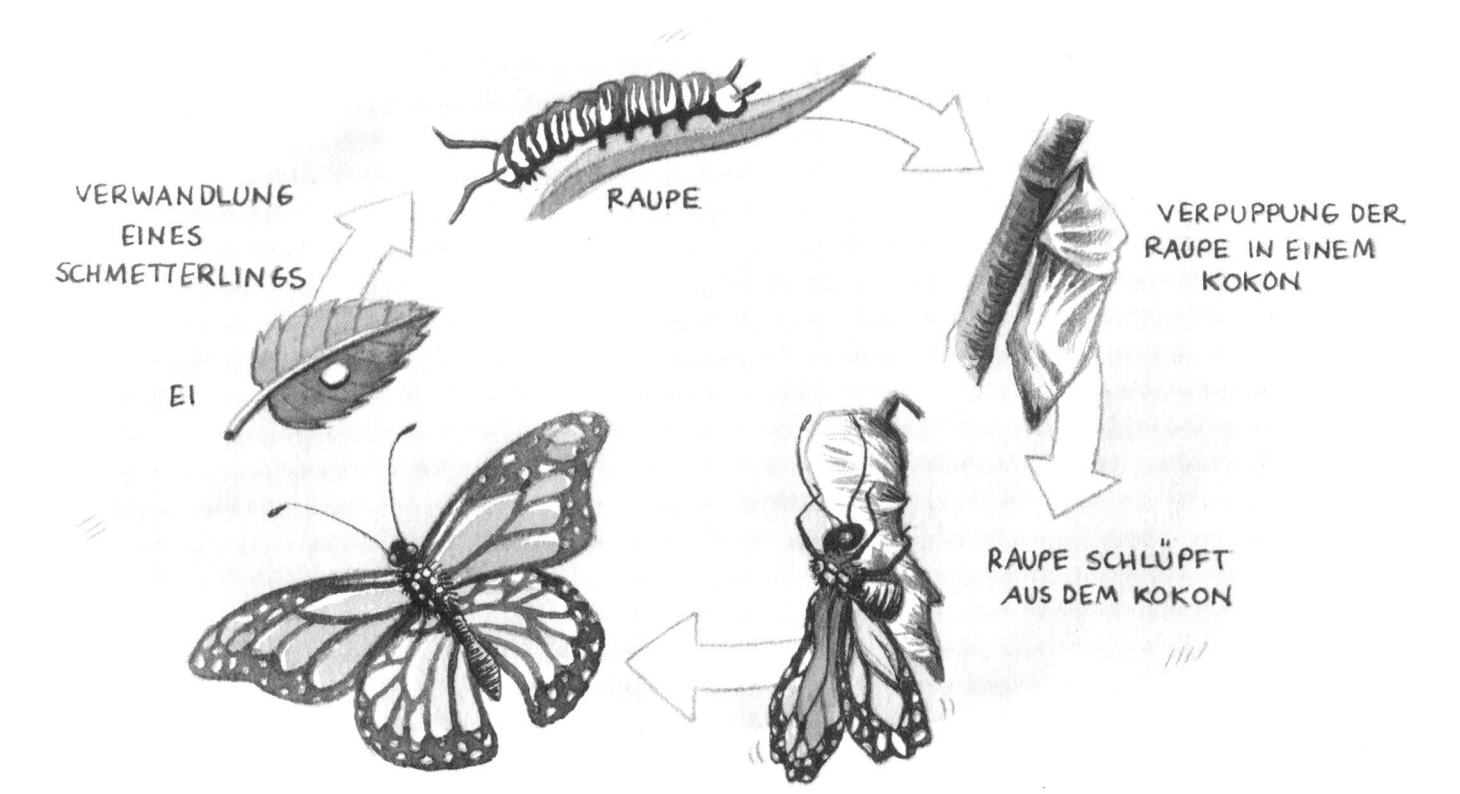

VERWANDLUNG EINES SCHMETTERLINGS

EI

RAUPE

VERPUPPUNG DER RAUPE IN EINEM KOKON

RAUPE SCHLÜPFT AUS DEM KOKON

Religiöse Feste zum Thema Tod

Vermitteln Sie Kindern, dass es unterschiedliche Vorstellungen davon gibt, was nach dem Tod passiert, neben der christlichen Hoffnung auf die Auferstehung z. B. der Glauben an die Wiedergeburt im Buddhismus und Hinduismus.

Auch die Feier eines Totenfestes kann Kindern einen besonderen Zugang erschließen. Nutzen Sie dabei die wertvollen Ressourcen der unterschiedlichen kulturellen Hintergründe der Kinder und ErzieherInnen. Beziehen Sie die Eltern und Großeltern mit ein. Tauschen Sie sich darüber aus, wie in anderen Kulturen mit Tod und Trauer umgegangen wird (z. B. die Gesänge der Klageweiber in Griechenland oder der türkische Brauch, dass Freunde und Verwandte die Trauernden einige Tage bekochen). Welche Feste werden wie zelebriert und welche Rituale und Zeremonien gibt es in anderen Ländern? Auch ein Besuch im Museum für Völkerkunde kann spannende Einblicke in die verschiedenen Rituale der Völker im Umgang mit dem Tod geben. So vermittelt z. B. die Feier des mexikanischen „Día de los muertos" (Tag der Toten) den Kindern, dass ein Totenfest auch fröhlich und bunt begangen werden kann. Der Besuch bei den Verstorbenen wird mit einem ausgelassenen Fest zelebriert, bei dem es eine Fülle an Blumen und bunt verzierten Skeletten und Totenschädeln aus Zucker gibt. Zur Feier wird auf dem Friedhof zu Live-Musik getanzt, gegessen und getrunken.

Kinder fragen nach dem Tod

Während Kinder durch das Fernsehen mit tabulosen Nahaufnahmen von Massensterben durch Kriege und Naturkatastrophen konfrontiert werden können, wird der direkte Kontakt mit einem toten Menschen, z. B. durch Aufbahrung, immer seltener. Kinder sind kleine ForscherInnen des Lebens. Sie sind neugierig und interessiert daran, was es mit dem Tod auf sich hat und was danach passiert. Die Tabuisierung von Tod und Sterben führt bei ihnen schnell zur Verunsicherung. Versuchen Sie, Kinder nicht auszuschließen, und wenn möglich, sich für ein Gespräch zu öffnen: Scheuen Sie sich nicht, die eigene Unsicherheit, Unwissenheit und Betroffenheit ehrlich zu zeigen, und suchen Sie gemeinsam nach Antworten. Sprechen Sie die Fantasien der Kinder an und fragen sie zurück: Was glaubst du denn? Oft haben Kinder ihre eigenen philosophischen Vorstellungen und inneren Bilder. So können berührende Gespräche entstehen, die sowohl für die Kinder als auch für die Erwachsenen heilsam sein können.

Jeder Tod ist anders und jedes Kind braucht etwas anderes, um die individuelle Situation bewältigen zu können. Deshalb sind wir als Erwachsene gefragt, Sensibilität für die individuelle Situation zu entwickeln. Grundsätzlich ist es wichtig, dass wir Kinder nicht drängen, sondern ihnen Raum geben für Gespräche, ihnen zeigen, dass Gefühle sein dürfen, dass wir Verständnis haben.

Kreis zu den Themen Abschied und Tod

Im Kindergarten sowie in der Grundschule kann der Stuhlkreis einen geschützten Rahmen schaffen, um sich den Themen Abschied und Tod gemeinsam zu nähern. Zu einer angenehmen Gesprächsatmosphäre tragen eine gestaltete Mitte (→ S. 58), der Redestab (→ S. 25) und ein Lied zur Einstimmung und zum Ausklang bei (auch um Spannungen zu lösen). So kann ein von Achtsamkeit geprägter Raum entstehen, um Fragen zu stellen und über eigene Erlebnisse mit dem Tod zu sprechen. Kinder können die Erfahrung machen: Ich bin nicht allein mit meinen Gefühlen, Gedanken und Fragen. Auch das Zuhören und das Verständnis der anderen wirkt beruhigend. Hier können Abschiedsgeschichten zusammengetragen werden, z. B. wann musste ich mich verabschieden, und vor allem: Was hat mich getröstet? Zum Abschluss wird der Fokus darauf gelegt: Was tut gut? (Ergebnisse auf Kärtchen sammeln).

Inzwischen gibt es eine große Auswahl empfehlenswerter **Bilderbücher** (Buchtipps → S. 79), die sich sehr gut zur begleitenden Vertiefung bzw. als hilfreiche und ermutigende Gesprächsgrundlagen eignen. Sie bieten Identifikationsmöglichkeiten mit dem Mädchen, das seinen Großvater vermisst und wütend ist, oder mit dem Jungen, der um seinen Hund trauert und sich verkriechen will. In diesen Geschichten können Kinder ihre eigenen Gefühle wiederfinden. Die nachgeholte Begräbnisfeier für einen Kanarienvogel z. B. kann zur Motivation werden, selbst ein verpasstes Abschiedsritual nachzuholen und diese Würdigung gemeinsam mit Freunden oder für sich allein zu vollziehen.

In Umbruchssituationen kann ein **Altar** (→ S. 58) oder auch ein **Jahreszeitentisch** (→ S. 35) für Kinder zum wichtigen Ort der Ruhe werden, an den sie sich immer wieder begeben können, um sich zu sammeln und aufzutanken.

Trostkästchen

Dies ist eine Schatzkiste mit Trostspendern, die in Zeiten der Trauer ausgeliehen werden dürfen. Darin liegen Tiere, schöner Stoff, Sorgenpüppchen, besondere Steine u. v. m. Hier kann auch die Kärtchen-Sammlung mit Anregungen sein, auf denen steht, was Kinder als tröstend erlebt haben, z. B. still im Arm gehalten werden, mit einem Tier kuscheln oder über einen Witz lachen können.

Rosenmitte

Zum Thema Wandel und Vergänglichkeit lässt sich eine besondere Mitte (→ S. 58) mit einem Kreis aus Rosen und Licht gestalten. In kleine Wasserschalen jeweils eine Rose von der geschlossenen Knospe über die voll geöffnete Blüte bis hin zur verwelkten Pflanze legen. Dazwischen schöne Gläser mit einer Kerze stellen. So wird das Besondere und Kostbare eines jeden Stadiums betont.

Tipp: Das Thema kann auch eine körperliche Annäherung finden. Wie öffne ich mich? Was passiert, wenn ich erblühe? Zu schöner Musik können die Kinder Bewegungen erfinden, z. B. sich hinhocken und das Gesicht verdecken und dann langsam öffnen …

Der Trauer einen schöpferischen Ausdruck geben

Das aktive Gestalten mit kreativen Medien kann dazu beitragen, blockierte Energie zu befreien und in Fluss zu bringen und so aus einem lähmenden Gefühl heraus ins Handeln zu kommen. So kann z.B. im Anschluss an einen Kinderkreis ein Thema vertieft bzw. die individuelle Verarbeitung einer Situation unterstützt werden.

Um Gefühle sichtbar zu machen ist es hilfreich, zu Beginn in den eigenen Körper zu spüren. Wie fühlen sich Trauer oder Wut an? Wo kann ich sie in mir spüren? Welche Farbe oder Form haben sie? Diese Gefühle können in einem freien **Mal- oder Tonritual** ihren Ausdruck finden (→ S. 118/119, Wut).
Tipp: Für Kinder, die besonders viel Halt oder mehr Vorgaben benötigen, kann der feste und strukturgebende Rahmen eines Mandalas die passende Gestaltungsform sein.

Grabbeigaben gestalten

Eine heilsame Form der Transformation von Trauer ist die Gestaltung von Grabbeigaben. Auf diese Weise werden Kinder aktiv an einer Beerdigung beteiligt. Sie machen die heilsame Erfahrung, zugleich Trost zu empfangen und Trost zu schenken.

* ein Bild oder einen letzten Wunsch für den Verstorbenen malen
* Steine bemalen (Deckfarben und wasserfester Lack)
* Kerzen gestalten (persönliche Symbole, z.B. Sofa mit Katze, aus bunten Wachsplatten schneiden)

Seelentrostbilder

Kinder haben oft ihre eigenen Vorstellungen und Erklärungen, die Trost geben, wenn Verstorbene zu Engeln, Schmetterlingen oder Sternen werden. Trostbilder können die Kinder für sich selbst, für die Eltern, als Grabbeigabe oder auch als Trost für einen trauernden Freund malen.

Abschied nehmen, trauern und Trost finden

Wenn ein Tier stirbt

Kinder spüren oft eine große Nähe und Verbundenheit zu Tieren. So sollen auch kleine Lebewesen wie Hummeln, Mäuse und Vögel angemessen verabschiedet und begraben werden. Oft sind diese Tierbestattungen die erste große Begegnung mit dem Tod. Diese Ersterfahrung kann eine wichtige und prägende Basis für den späteren Umgang mit diesem Thema sein.

Haustierbeerdigung

Wenn ein Haustier stirbt, besonders wenn eine enge Beziehung bestanden hat, sollten Kinder die Möglichkeit haben, sich in ihrer Weise persönlich zu verabschieden.

Mögliche Rituale
* gemeinsam eine schöne Stelle im Garten suchen
* Grube ausheben und mit Stroh und Blumen bestreuen
* (selbst erfundenes) Abschiedslied singen
* Grabbeigaben: z.B. Futter und Lieblingsspielzeug
* Holzkreuz mit Namen basteln
* Blüten um das Grab legen oder Blumen säen

Für Kinder ist es heilsam, wenn Erwachsene in diesem Zusammenhang ein paar tröstliche Worte finden. Je nach persönlicher Glaubenshaltung können Sie vielleicht vermitteln, dass es etwas Größeres gibt, in dem dieses Wesen nun geborgen ist. Oder Sie sprechen Ihren Dank für die gemeinsame Zeit aus und den Wunsch, nun in Frieden zu ruhen.

Abschied von den Großeltern

Wenn die Großeltern sterben, verlieren Kinder oft eine besonders nahe Bezugsperson. Rituale können helfen, eine Erfahrung wie den Verlust eines geliebten Menschen in unser Leben zu integrieren. Abschiedsrituale unterstützen uns dabei loszulassen, indem sie dem Toten bzw. der Trauer einen Platz geben. Rituale wie Beerdigungen haben neben dem Vollzug des Abschieds auch die Aufgabe, die Bindung und Gemeinschaft der zurückbleibenden Menschen zu stärken. Kinder machen durch solche Rituale die Erfahrung, ein wichtiger Bestandteil einer Gruppe zu sein, die zusammenhält. Rituale können auch symbolisch einen Abschied nachholen, z.B. wenn ein Kind nicht mehr persönlich Abschied nehmen konnte. Auch die folgenden Erinnerungsrituale sind ein wichtiges Element der Trauerarbeit. Sie vermitteln Kindern spürbar, dass jemand in der Erinnerung lebendig bleibt und darin aufgehoben ist.

Rituale für einen privat gestalteten Abschied oder für eine Beerdigung:
* einen Baum pflanzen
* gemeinsam das Lieblingslied des verstorbenen Menschen singen
* ein Gedicht bzw. eine Geschichte vorlesen, die er oder sie besonders mochte
* jeder stellt eine Kerze an das Grab
* Luftballons fliegen lassen als Ritual für ein gemeinsames Loslassen am Trauertag

Ein Licht entzünden

Die Kerze steht symbolisch dafür, Licht ins Dunkel zu bringen. Wenn ein Mensch gestorben ist, kann es ein tröstlicher Akt sein, für ihn eine Kerze zu entzünden und eine Weile in dieses Licht zu schauen. Dieses Ritual kann noch vertieft werden, wenn wir dem Verstorbenen gegenüber unseren Dank ausdrücken. Ob dies in Stille geschieht oder ausgesprochen wird, entscheidet jeder für sich. Dieses Ritual kann sehr heilsam sein für diejenigen, die sich zu Lebzeiten nicht mehr bedanken konnten. Für alle Beteiligten ist es berührend mitzuerleben, wie sich ein ganzer Raum mit Licht und Dankbarkeit erfüllt. Kinder sind meist sehr empfänglich für solche besonderen und feierlichen Momente im Leben. Selbst kleine Kinder können sich schon beteiligen und gemeinsam mit einem Erwachsenen eine Kerze entzünden.

Erinnerungsbild

Wenn ein Mensch stirbt, fehlt er plötzlich im Freundeskreis, in der Gruppe oder der Verwandtschaft. Wir können einen Platz aussuchen, der für alle zugänglich ist, z.B. den Jahreszeitentisch (→ S. 35), und dort ein Foto von ihm aufstellen. Auf diese Weise ist er noch mit dabei und die Kinder (und Erwachsenen) können ihre Zeit des Abschieds nehmen. Dieses Ritual unterstützt den Prozess des Abschiednehmens, der unterschiedlich lang sein kann.

Variante
Neben Foto und Blumen eine Schale aufstellen, in die die Kinder kleine persönliche Dinge legen können.

Den Schatz erkennen und weitergeben

Jeder Mensch, der stirbt, hinterlässt einen Schatz. Dieses Abschiedsritual zur Würdigung und Feier des Verstorbenen besteht darin, diesen Schatz zu benennen und miteinander zu teilen. Erwachsene und Kinder setzen sich zueinander und tragen zusammen, was sie mit dem Verstorbenen verbunden hat.

Das „Schätze sammeln" kann mit folgenden Fragen unterstützt werden:
* Welche Erinnerungen verbindest du mit ihm/ihr?
* Was mochtest du an ihm/ihr besonders?
* Was hast du von ihm/ihr gelernt?

Die Grundfrage lautet:
* Was war das Abschiedsgeschenk an uns?
* Was können wir „mitnehmen", lernen von diesem Menschen?

Dieses Ritual kann ein Bewusstsein davon vermitteln, dass auch nach dem Tod eines Menschen etwas von ihm weiterlebt. Es kann sehr tröstlich sein zu begreifen, dass die geliebten Seiten nun nicht für immer verloren sein müssen, sondern dass wir selbst gefragt sind, sie in die Welt zu tragen und lebendig zu halten.

Abschiedsschiff

Wenn ein Mensch stirbt, haben wir oft das Bedürfnis, ihm symbolisch noch etwas „mit auf den Weg" zu geben. In vielen Kulturen wird dies in Form von Grabbeigaben getan. Eine besonders auch für Kinder geeignete Form der Verabschiedung ist folgendes Abschiedsritual. Gemeinsam wird ein kleines Schiff oder Floß aus Pappe oder Holz gebaut. Darauf werden ein oder mehrere Teelichter gesetzt, die je nach Wetterlage noch mit einer Schutzhülle versehen werden. Dem Boot werden kleine symbolische Gegenstände, Glücksbringer, Blüten, Abschiedsbriefe, Zeichnungen oder auch nur ein Wunsch mit auf den Weg gegeben. Dieses Gefährt wird nun von der Gruppe oder Familie zu einem fließenden Gewässer gebracht und möglichst in der Dämmerung behutsam aufs Wasser gesetzt. Die Strömung nimmt die Wünsche mit sich und ermöglicht einen innigen Moment der Verbundenheit, während die Lichter langsam immer kleiner werden.

Literaturempfehlungen für Kinder
➡ Anette Bley (2005): Und was kommt nach tausend? Ravensburg: Ravensburger Buchverlag.
➡ Amelie Fried, Jacky Gleich (1997): Hat Opa einen Anzug an? München: Hanser Verlag.
➡ Ulf Nilsson, Anna Clara Tidholm (2003): Adieu, Herr Muffin. Frankfurt a. M.: Moritz Verlag.
➡ Peter Schössow (2005): Gehört das so? Die Geschichte von Elvis. München: Hanser Verlag.
➡ Susan Varley (1996): Leb wohl, lieber Dachs. Wien: Anette Betz/ Ueberreuter.

Yoga mit Kindern

Heilsame Rituale für die innere und äußere Haltung

Yoga ist eine sehr alte Lebensphilosophie und ein Übungsweg aus Indien, der direkt auf Körper, Geist und Seele wirkt. Yogaübungen sind Pflanzen und Tieren nachempfunden. So können wir uns z. B. die Kraft starker Tiere zunutze machen und Spannungen abbauen, wie beim „Löwen" (→ S. 82). Durch spielerische Körperübungen, Meditationen, Mantra-Singen, Massagen etc. können Kinder ihren Körper besser wahrnehmen und kennenlernen sowie die eigenen Fähigkeiten und Grenzen spüren, Bewegung und Stille erfahren. Yoga stärkt das Selbstbewusstsein, die Konzentrationsfähigkeit, die Motorik und das Sozialverhalten.

Yogaübungen wirken nicht nur auf die äußere, sondern auch auf die innere Haltung. Deshalb lassen sie sich auch mit Kindern gezielt zur Unterstützung in unterschiedlichen Lebenslagen als Ritual einsetzen. Yogaübungen eignen sich auch optimal als Einstimmungsritual im Morgenkreis, um gut in den Tag bzw. im eigenen Körper anzukommen.

Einstimmungsritual

Sitze (im Kreis um eine gestaltete Mitte) im Schneidersitz, gerade und aufrecht wie eine Königin/ein König. Stell dir vor, oben auf deinem Kopf ist eine goldene Krone mit funkelnden Edelsteinen.
Schließe die Augen und den Mund und öffne deine Ohren und lausche. – Dann schlägt ein Kind eine Klangschale an. – Nimm jetzt deine Arme gestreckt über den Kopf und lass sie ganz langsam seitlich nach unten sinken, bis du den Klang nicht mehr wahrnehmen kannst. (3 x)

Abschlussritual

Sitze im Schneidersitz, nehme die Hande der Kinder links und rechts neben dir und schließe die Augen. Denke ganz intensiv an etwas Schönes, worüber du dich gefreut hast, was dich glücklich macht. Spüre genau nach, wie es sich in deinem Körper anfühlt; drücke zum Abschluss die Hände einmal fest.

Wichtige Tipps
- Mache Yoga immer in bequemer Kleidung und nicht mit vollem Bauch (frühestens eine bis zwei Stunden nach dem Essen).
- Achte auf deinen Atem – er ist als Quelle der Lebenskraft für unser körperliches wie seelisches Wohlbefinden sehr wichtig! Lass den Atem ruhig durch die Nase ein- und ausströmen, ohne die Luft anzuhalten (wenn nicht anders angegeben).
- Benutze eine Matte oder Decke als Unterlage.

Bei Unruhe, Angst und Schlafstörungen ... und zur Entspannung

Trostwolke

Gibt es hartnäckige unangenehme Gefühle/Gedanken, die du gerne loslassen möchtest? Dann kannst du die Trostwolke rufen. Komm in das zusammengerollte Blatt: Beuge dich im Fersensitz so weit nach vorne, bis die Stirn den Boden berührt. Die Arme liegen entspannt neben deinem Körper, Handflächen nach oben, atme tief ein und aus. Stell dir vor, du liegst an einem schönen Platz, an dem du dich wohlfühlst. Eine große Wolke schwebt heran, der du alle Sorgen, alles was dich bedrückt, übergeben kannst. Mit jedem Ausatmen lässt du die Gedanken abfließen und die Wolke saugt sie auf wie ein trockener Schwamm. Sie wird immer größer und schwerer und du fühlst dich immer leichter und befreiter. Wenn du das Gefühl hast, dass es genug ist, kannst du dich verabschieden. Jetzt fliegt die Wolke fort, wird immer kleiner und kleiner und trägt alles ihr Anvertraute zum großen Meer. Dreh dich dann langsam auf den Rücken und spür noch mal nach, wie erleichtert du jetzt atmen kannst.

Wohlfühlfarbe

Leg dich auf den Rücken, die Arme liegen entspannt neben dem Körper, Handflächen nach oben, die Füße sinken nach außen. Stell dir vor, das ungute Gefühl in deinem Körper hat eine Farbe, z.B. dunkelbraune Angst oder rote Wut. Spür genau hin, wie fühlt es sich an, welche Farbe könnte es haben, wo kannst du es spüren? Dann stell dir vor, diese Gefühlsfarbe fließt langsam und vollständig in die Erde ab. Sobald das geklappt hat, überlege, mit welcher Farbe du dich jetzt richtig wohlfühlen würdest, z.B. mit deiner Lieblingsfarbe, und lass sie vollständig in dich einströmen. Beginne mit den Füßen, über die Beine zum Bauch usw. Nimm genau wahr, wie sie nach und nach jeden Körperteil erfüllt und du schließlich in deiner Wohlfühlfarbe erstrahlst.

Spaghettientspannung

Leg dich entspannt auf den Rücken und atme ein paarmal tief ein und aus. Nun konzentrier dich ganz auf deine Füße: Atme ein, spann sie an, halte die Spannung, dann atme aus und lass wieder los. (In dieser Weise wird jeder Körperteil benannt: Von den Füßen über Beine, Bauch und Po zu den Armen, den Schultern bis zum Kopf.)

Zum Abschluss spann deinen ganzen Körper von den Zehen bis zu den Fingerspitzen ganz doll an, auch das Gesicht (Grimasse), und mach dich so hart und steif wie rohe Spaghetti. Dann lass alles los und werde so weich und locker wie gekochte Spaghetti (3×).

Tipp: ErzieherIn geht herum und „prüft" die Spaghetti.

Kuscheltieratmung

Leg dich auf den Rücken, setze ein Kuscheltier auf deinen Bauch und beginne in langen tiefen Zügen zu atmen. Spür genau, wie das Kuscheltier mit jedem Einatmen von deinem Bauch hochgehoben wird und mit jedem Ausatmen wieder sinkt. Du darfst es auch festhalten. Von diesen gleichmäßigen sanften Wellen getragen wird es auf und ab in den Schlaf gewiegt.

Nasenlochatmung

Verschließe mit dem rechten Daumen das rechte Nasenloch, die übrigen Finger zeigen wie kleine Antennen nach oben.

Lass den Atem ruhig und gleichmäßig durch die linke Seite ein- und ausströmen. Damit stärkst du die beruhigende Mondenergie.

Wenn du mit dem linken Daumen das linke Nasenloch verschließt, aktivierst du die kraftvolle Sonnenenergie, die dir hilft, wach und konzentriert zu sein.

Bei Wut, Aufregung, schlechter Laune ... löst Spannung, stärkt Gelassenheit und innere Ruhe

Vulkan

Stell dich schulterbreit hin und lege die Handflächen vor dem Körper auf Nabelhöhe zusammen. Atme tief ein und führe die Hände langsam nach oben (aufsteigende Lava). Wenn die Hände Kopfhöhe erreicht haben, speit der Vulkan Feuer und schleudert Lava (Wut/schlechte Laune) aus sich heraus: Explodiere mit lautem Knall (explosiv ausatmen), springe dabei in die Luft und strecke Arme und Beine von dir.

Löwe

Setz dich auf die Fersen. Atme tief in den Bauch und spüre deine Kraft. Stell dir vor, du hast eine wilde Löwenmähne, goldgelb leuchtendes Fell, sehr scharfe Raubtierzähne und wenn du brüllst, zittert und bebt der Boden / der ganze Urwald. Nun spreize deine Finger zu gefährlichen Krallen, die du an den Oberschenkeln „schärfst". Atme tief ein und mit lautem Brüllen aus: Öffne die Augen weit, strecke die Zunge heraus und zeige deine Krallen.

Kühlender Atem

Strecke deine Zunge heraus, roll sie zusammen und ziehe beim Einatmen die Luft durch die gerollte Zunge wie mit einem Strohhalm ein und lass sie beim Ausatmen durch die Nase ausströmen.

Kerzenmeditation (zur Ruhe kommen, Augen reinigen und stärken)

Leg oder setz dich mit anderen in einen Kreis, in dessen Mitte sich eine Kerze befindet. Sei ganz still und schaue mit weit geöffneten Augen unverwandt in die Kerze und versuche dabei nicht zu blinzeln und dich nicht zu bewegen. Meditation bedeutet auch, sich auf Stille einzulassen, sie wahrzunehmen und zu erfahren. Wer schafft es, einen Moment lang ganz ruhig in das geheimnisvolle Licht der Kerze einzutauchen? (Mit einer Minute beginnen, langsam steigern.)

Wertschätzung macht Mut
Entwicklungsschritte feiern

Kinder stehen beinahe täglich vor ungewohnten und neuen Situationen, die ihnen Mut, Neugier und Kraft abfordern. Ganz selbstverständlich lernen sie jeden Tag hinzu und meistern die vielen Herausforderungen des Lebens. Dafür brauchen sie Rahmenbedingungen in Familie, Kindergarten und Schule, die vielfältige Erfahrungen und Entwicklungsmöglichkeiten bieten und die ihnen zu mehr Selbstständigkeit verhelfen.

Kindern Vertrauen in das Leben zu vermitteln, ihre Stärken und ihren Mut zu fördern, ist Ausdruck einer Haltung der Erwachsenen jedem einzelnen Kind gegenüber, die im tagtäglichen Umgang lebendig wird: Ich trau dir etwas zu, ich glaube an dich. Dazu kann auch gehören, Kindern nicht jedes Problem abzunehmen oder es für sie zu lösen, sondern sie im Umgang mit Problemen, die zum Leben gehören, zu stärken.

Selbstvertrauen stärken

Wenn Kinder die Gelegenheit bekommen, ihre Fähigkeiten auszuprobieren und zu entwickeln, können sie aus eigener Kraft und Erfahrung Selbstbewusstsein erlangen, z. B. indem sie Verantwortung übernehmen. Kleine Aufgaben im Alltag signalisieren: Ich bin Teil der Gemeinschaft und kann etwas beitragen. Auch die Erfahrung, jemandem helfen zu können, macht Kinder stark. Wo sehen Sie die besonderen Stärken eines Kindes, was macht ihm Spaß, woran beteiligt es sich gerne? Sprechen Sie mit den Kindern über den Sinn von gemeinsamer Arbeitsteilung. Es gibt viele Gelegenheiten, Kindern Erfolgserlebnisse in punkto Selbstständigkeit zu ermöglichen. Wichtig ist auch das Erlernen handwerklicher Fertigkeiten, z. B. mit Werkzeug richtig umzugehen, einen Nagel einzuschlagen oder auch einen sicheren Feuerplatz zu bauen.

Aufmerksamkeit schenken und Mut machen

Kindern hilft es, Selbstvertrauen zu entwickeln, wenn sie Aufmerksamkeit und Zuwendung bekommen, wenn sie sich geborgen fühlen und wenn die Besonderheiten ihrer Persönlichkeit wahrgenommen und geachtet werden. Dabei kann es für ein Kind schon Mut machend sein, wenn eine vertraute Person ihm genau zuhört, Blickkontakt mit ihm hält oder es an der Hand nimmt. Stärkende Rituale können Gesten sein, die Zutrauen und Anerkennung ausdrücken, die Erreichtes sichtbar machen und das Können der Kinder hervorheben.

Für manche Situationen im Leben benötigen Kinder besonders viel Mut. Sie erfordern Vorbereitung, gemeinsames Nachdenken und Begleitung. Auch für große Veränderungen im Leben, wie einen Umzug, den Kindergarten- oder Schulbeginn, brauchen Kinder viel Kraft und Selbstvertrauen. Rituale unterstützen das Vertrauen der Kinder zu sich selbst, die Wahrnehmung für andere und die Fähigkeit, sich darüber zu freuen, was ein anderer geschafft hat.

Mit Ritualen werden der Beginn neuer Lebensphasen und besondere Ereignisse, wie Geburtstage oder religiöse Feste, bei denen Kinder im Mittelpunkt stehen, hervorgehoben. Bringen Sie auch den kleinen Errungenschaften angesichts der täglichen Herausforderungen Aufmerksamkeit entgegen. Ein Kind geht zum ersten Mal allein oder mit Freunden zur Schule, bereitet seine erste Mahlzeit zu oder geht ohne Schwimmflügel ins Wasser? Warum nicht auch die kleinen Schritte feiern und sei es mit einer gemeinsamen Tasse Kakao?

Wertschätzung zeigen und Stärken benennen

Wer Selbstständigkeit anregt, Mut zuspricht und Gelungenes lobt, stärkt Kindern den Rücken auf dem Weg zu einem stabilen Selbstvertrauen. Dabei geht es auch darum, ein gutes und ehrliches Maß an Wertschätzung zu entfalten (nicht jedes Kinderbild ist ein „Picasso") und Kindern zur Selbsteinschätzung und zur Wertschätzung sich selbst gegenüber zu verhelfen: Was gefällt ihnen, worauf sind sie selbst stolz, was mögen sie an sich? Fragen regen zum Nachdenken an.

„Was ich kann" — Ein Ritual zu den Stärken

Mit diesem Ritual lassen sich besondere Fähigkeiten der Kinder hervorheben und ebenso ihre gegenseitige Wertschätzung unterstützen.

Material: Packpapier, Stifte

Ein Kind legt sich auf Packpapier, ein anderes zeichnet seine Körperumrisse nach. Dann werden die Plätze getauscht. An jeden Körperteil werden nun die besonderen Gaben und Fähigkeiten des Kindes geschrieben oder gemalt:
* mit der Hand kann ich besonders gut …
* mit den Beinen …
* mit dem Kopf …
* mit dem Herzen … usw.

Gemeinsam werden diese Fähigkeiten des einzelnen Kindes ergänzt. Es besteht immer die Gefahr, dass Kinder sich vergleichen. Achten Sie darauf, dass für jedes Kind viele Fähigkeiten gefunden werden.

Tipp: Bei einer Wiederholung einige Monate später nehmen die Kinder die jeweils hinzugekommenen Fähigkeiten wahr.

Persönliches Schatzkästchen

Das Schatzkästchen kommt zu Hause oder in der Einrichtung immer dann zum Einsatz, wenn Situationen bevorstehen, die Mut und Selbstbewusstsein erfordern, z. B. ein Abschied oder Übergang in eine neue Lebensphase.

Material: Kästchen aus Pappe oder Holz (aus dem Bastelladen), Geschenkpapier, Farben oder Glitzersteine, Kleber, Tonpapier oder festes Papier

Die Kinder gestalten jeweils ein eigenes Schatzkästchen mit verschiedenen Geschenkpapieren, Farben oder Glitzersteinen. Dann schneiden sie gemeinsam Kärtchen aus und verzieren sie. Jedes Kind bekommt eine Anzahl Kärtchen, auf die nun gemeinsam Fähigkeiten und Talente des Kindes geschrieben oder gemalt werden. Sie können durch andere Aspekte ergänzt werden, z. B.: Was mich beschützt, was mich tröstet, worauf ich mich freue, wer mich unterstützt. Sprechen Sie mit dem Kind über die Schätze, die es hat, und legen sie zu besonderen Ereignissen gemeinsam einige heraus, die es für die Situation brauchen kann. Von Zeit zu Zeit werden neue „Schätze" hinzugefügt, damit das Schatzkästchen aktuell bleibt.

Variante
Stärkend kann auch ein persönliches Wappen mit Symbolen sein, z. B. für Hobbys, für besondere Fähigkeiten, für das, was den Kindern wichtig ist.

Ein Kompliment verschenken

Auf einem kleinen Schmuckzettel wird für jedes Kind ein Kompliment geschrieben. Dies kann gemeinsam geschehen oder jeweils ein Kind schreibt (oder malt) ein Kompliment für ein anderes auf. Die Zettel werden zusammengerollt und mit einer Geschenkbandschleife versehen.

Mut machen

Mut brauchen Kinder nicht nur für die ganz alltäglichen Herausforderungen im Leben, z.B. das Schwimmen lernen oder die erste Übernachtung bei einem anderen Kind. Solche Ereignisse stärken Kinder und machen ihnen Mut für neue Erfahrungen. Mut kann auch bedeuten, die eigenen Grenzen zu überwinden und sich etwas nicht ganz Leichtes zu trauen, z.B. eine Bühne zu betreten oder auch Kritik an Freunden oder Erwachsenen zu üben. Kinder können auch in Situationen geraten, in denen es besonders schwer ist, Mut zu haben: Wenn sie in Bedrängnis geraten und gegen äußeren Druck, trotz großer Angst, Nein sagen müssen. Rituale können solche Situationen zwar nicht auflösen, aber sie können helfen, sich auf sie einzustellen: Sich über die eigenen Ängste klar werden, Kräfte gegen die Angst aktivieren und Nein sagen üben (→ S. 114).

Kinderkreis zum Thema Mut

Im Kinderkreis wird zunächst von persönlichen Erfahrungen ausgegangen, um sich dem Thema zu nähern:
* Was ist Mut?
* Wann brauche ich Mut?
* Was kann mir in den Situationen Mut machen?

Die Kinder überlegen, wie sich der eigene Mut aufbauen und stärken lässt: Hilfe und Zustimmung von anderen, wenn es darum geht, in der Öffentlichkeit mutig zu sein (Zivilcourage); die Erinnerung an Situationen, in denen die Kinder selbst mutig waren; Beten, um Kraft, Stärke und Mut bitten; vielleicht ein selbst gebastelter Talisman, der an die eigenen Kräfte erinnert.

Das Gespräch in der Gruppe ist besonders wichtig, um auch die weniger nahe liegenden Bedeutungen von Mut im Alltag zu erkennen und zu benennen, z.B.:
* sich eine eigene Meinung zu bilden und diese zu äußern,
* etwas vor anderen zu sagen oder etwas Peinliches zu fragen,
* Gefühle wahrzunehmen und zu zeigen,
* Fehler zu machen und daraus zu lernen,
* sich Konflikten zu stellen und Lösungen zu finden,
* die Wahrheit zu sagen, auch wenn andere lügen,
* ehrlich zu sagen, wenn etwas kaputt gegangen ist.

Für den Einstieg in das Thema (Kinderkreis zum Thema Mut) kann eine Geschichte (oder ein Märchen), in der Mut oder Angst thematisiert werden, hilfreich sein. Auch mutiges Verhalten im Freundeskreis, in der Familie sowie in der Weltgeschichte (z.B. Mahatma Ghandi) können besprochen werden. Vielleicht kann auch eine Person eingeladen werden, die etwas Mutiges getan hat und die ihre Erfahrungen mit den Kindern teilt.

Mut in Ernstsituationen

Kinder brauchen Mut und Selbstbewusstsein, um laut und deutlich „Nein!" und „Ich will das nicht!" zu sagen, wenn sich z. B. ein Erwachsener unangemessen oder übergreifend verhält. Kinder können lernen, dass sie im Recht sind und sich wehren dürfen, wenn sie z. B. eine körperliche Berührung nicht möchten. In Selbstverteidigungskursen und Trainings können sie gezielt sinnvolle Reaktionen auf Grenzüberschreitungen unterschiedlicher Art einüben (→ S. 114). Wichtig ist, dass Kinder auch schon in frühem Alter die Erfahrung machen, dass ihr „Nein" gehört, ernstgenommen und umgesetzt wird, auch in alltäglichen Situationen. Grundlage für das Neinsagen lernen ist die Erfahrung, dass das Nein und die Wünsche oder Abneigungen, die sich dahinter verbergen, akzeptiert werden.

Magisches Alter und zauberhafte Rituale

Mit kleinen magischen Ritualen lässt sich oft ohne großen Aufwand viel bewirken.
Kinder, gerade im sogenannten „magischen Alter" von zwei bis fünf Jahren, sind besonders offen für Geheimnisvolles. Alles ist belebt und beseelt, das Kuscheltier hat Bauchschmerzen und die kleine rote Tasse ist traurig so allein auf dem Schrank ... Dieser magische Aspekt lässt sich gut zur Erfindung kleiner zauberhafter Rituale nutzen. Hierbei geht es weniger darum, den Kindern etwas vorzuzaubern, als sie mit ihrer eigenen (Zauber-)Kraft in Kontakt zu bringen.
Kleine Zaubertricks können vieles erleichtern, besonders Aufgaben, die als unangenehme Pflicht erlebt werden, wie Aufräumen und Zähneputzen. So hat die Zahnbürste Gefühle und kann sprechen. Wenn sie nicht benutzt wird, ist sie traurig und weint, sobald sie von einem Kind ergriffen wird, jauchzt sie vor Freude. Am liebsten fliegt sie wie ein Düsenjäger in kreisenden Bewegungen Saltos im Mund und hinterlässt weiße Wolkenstreifen oder fegt als Zwergenbesen die Krümel von den weißen Möbeln oder mit welchem Trick auch immer die Zähne sauber gezaubert werden können.
Beziehen Sie die Kinder mit ein; lassen Sie sie die Zauberei weiterspinnen, so dass es ihr eigenes Ritual wird. Der Schwerpunkt dieser Rituale liegt darauf, den Kindern ihre eigene Kraft und ihr Können zu vermitteln, diese hervorzulocken und zu stärken.
Besonders hilfreich kann das Zaubern sein, wenn es darum geht, Ängste zu überwinden. Oft erfinden Kinder selbst Rituale, um ihre Ängste besser bewältigen zu können, fantasieren sich Schutztiere oder auch imaginäre Freunde herbei, damit sie nicht alleine sind. Auch gezielte Mut- und Zaubersprüche können das Selbstvertrauen stärken und Kindern helfen, aus der Angst heraus und in die eigene Handlungskraft zu kommen.
Wenn z. B. Abschiede besonders schwer fallen, kann es helfen, die Eltern nach der Verabschiedung aus dem Raum zu zaubern. So wird ein zauberndes Kind selbst aktiv und gewinnt damit „Macht" über seine ursprüngliche Schwierigkeit. Magische Rituale kommen im Zweifelsfall auch ohne Zauberstab aus, er kann aber hilfreich sein und die magische Wirkung verstärken, ebenso wie klangvolle Zaubersprüche und besondere Gesten.

Magische Rituale / Kraft der Gedanken

Mutmach-Schutzwesen

Die Kinder überlegen gemeinsam in der Gruppe, wie ein handfestes Mutmachwesen aussehen könnte. Ist es eher ein Tier oder ein Mensch? Aus welchem Material besteht es? Welche Farbe und Form hat es und welche Symbole trägt es? Wie beschützt es mich, wenn ich es brauche? Trägt es mich, stärkt es mir den Rücken oder läuft es vor mir her? Anschließend wird der Mutmacher zusammen gebastelt und an einen besonderen Ort gestellt. Auch Stofftiere oder fantasievolle Krafttiere können Schutz und Beistand geben.

Zauberstab

Um sich Mut herbei zu zaubern und in wünschenswerte Situationen hinein zu versetzen, kann ein Zauberstab sehr hilfreich sein. Bereits die Herstellung eines Zauberstabs kann ein magisches Ritual sein und ist gut für Gruppenarbeit geeignet.

Material: 20 cm langer Holzstab, Geschenkpapierreste, Stoff- und Lederreste, bunte Federn, Perlen, festes farbiges Klebeband, dünner Basteldraht oder festes Garn, Geschenkband, Goldschnüre etc.

Den Holzstab mit ausgewähltem Papier und Stoffstücken bekleben (besonders beliebt ist Glitzerpapier). Der Griff kann mit Leder oder einem festen Klebeband verstärkt werden. Das obere Ende mit fransig geschnittenem Papier, Federn, goldenen Schnüren und einer Perlenschnur gestalten und ebenfalls mit festem Klebeband verstärken.

Die Kinder können im Kreis sitzen. In der Mitte liegt ein großer Haufen mit dem zauberhaften Material, auch Sachen aus dem eigenen Fundus der Kinder sind natürlich erwünscht.

Mit einem gemeinsamen Zauberspruch wird der Zauberstab mit Mut und Kraft aufgeladen.

Zaubertrank

Nach einem einzigartigen Rezept wird immer dann der Zaubertrank gemixt, wenn ein besonderes Ereignis bevorsteht, für das Mut benötigt wird. Das Rezept sollte einfach und immer gleich sein, z. B. Bananenmilch (frische Banane, Milch und etwas Vanillezucker oder Honig im Mixer oder mit dem Zauberstab verrühren). Mit Lebensmittelfarbe knallig gefärbt kann der Trank seine Zauberkräfte noch besser entfalten.

Löwenkinderkraftmassage

Diese Massage zum Entspannen und Auftanken wird immer direkt vor einer aufregenden Situation oder auch als Ritual für den Tageseinstieg durchgeführt.

1. Die „Löwenmutter" / der „Löwenvater" beginnt liebevoll mit lockeren Fäusten das Fell auszuklopfen. *Schüchternheit, Ängste, Verspannungen werden locker und weich geklopft.*
2. Fingernägel fahren wie Krallen von Kopf bis Fuß durch das Fell des Tierkindes. *Alle Sorgen werden weggekämmt.*
3. Mit der flachen Hand den Körper vom Kopf bis zu den Zehen und Fingerspitzen ausstreichen. Rauschendes Wassergeräusch signalisiert: *Wasser reinigt und schwemmt alles Überflüssige weg.*
4. Nach Lieblingsduft fragen und wie Shampoo einmassieren. *„Dieser Duft soll dich stärken."*
5. Mit den Fingerspitzen Muttropfen auf den ganzen Körper versprenkeln.
6. Tropfen gut verteilen, damit sie wirklich wirken: Finger von der Wirbelsäule ausgehend kräftig nach außen streichen.
7. Hände aneinander reiben und dann dicht über den Körper halten: *Tiermutter/-vater überträgt Kraft, spürbare Wärme und Schutz.*
8. Gibt es eine Stelle am Körper, die besonders viel Unterstützung braucht? Hände auflegen und wärmende Kraft übertragen.

Kinderyoga macht Mut

Folgende Yogaübungen sind besonders geeignet, Kinder mit ihrer eigenen Kraft in Kontakt zu bringen. Sie helfen, den eigenen Körper zu spüren, bewusst zu atmen, sich mit der Stärke des Löwen zu verbinden und Ängste und Sorgen loszulassen (Ausführung → S. 81/82)

* Löwe
* Nasenlochatmung
* Kühlender Atem
* Trostwolke
* Wohlfühlfarbe

Entwicklungsschritte und besondere Ereignisse feiern

Achten Sie darauf, dass ein Kind keinesfalls nur bei besonderen Leistungen Aufmerksamkeit oder etwa Belohnungen bekommt. Das Kind lernt sonst, dass es immer etwas Besonderes vorweisen muss, um Zuwendung zu bekommen, und kann auch nicht erfahren, dass das Erreichte selbst die Belohnung ist. Bei den folgenden Ritualen steht das einzelne Kind und ein bestimmtes Ereignis im Mittelpunkt. Das bedeutet nicht, dass bei jedem neuen Können ein großes Fest gefeiert werden muss. Aber die Botschaft heißt: Wir haben wahrgenommen, dass du etwas geschafft hast. Größere Ereignisse, wie der erste Kindergartentag oder der Schulanfang, verdienen dagegen ein kleines Fest oder ein erinnerungswürdiges Ereignis.

Fragen Sie sich, welches Ritual zu welchem Kind passt. Steht es gerne im Mittelpunkt? Lässt es sich gerne feiern? Was macht ihm Freude? Wählen Sie sorgfältig ein feierliches Ritual, das auf die Bedürfnisse des Kindes abgestimmt ist, nicht auf Ihre (z. B. wenn das Fest eigentlich für die Verwandten ausgetragen wird). Versuchen Sie abzuschätzen, ob sich das Kind dabei wohl fühlen wird. Auch Kindergruppen machen gemeinsame Entwicklungsschritte, die mit Ritualen begleitet werden können: Eine gemeinsame Fahrt oder eine Feier nach Abschluss eines Projektes. Fragen Sie: Was passiert gerade in der Kindergruppe, wobei brauchen die Kinder Unterstützung, was haben sie erreicht?

Rituale für kleinere und größere Ereignisse

* eine Krone oder einen Blumenkranz basteln
* einen Orden oder eine Medaille basteln
* ein kleines Fest feiern, Freunde zum Popkornessen oder zum Kinderpunsch einladen
* einen Ausflug machen / Essen gehen
* ein Lieblingsessen, eine besondere Mahlzeit mit mehreren Gängen zubereiten
* eine Bildergalerie des Kindes ausstellen
* einen besonderen Wunsch erfüllen

Entwicklungsschritte dokumentieren

* **Kindergarten-Mappe:** Für jedes Kind fortlaufend eine Mappe zusammenstellen mit Fotos, Zeichnungen, Bastelarbeiten. Texte über besondere Erlebnisse und Anekdoten über das Kind dokumentieren die Kindergartenzeit.
* **Fotodokumentation:** Projekte, Feste und alltägliche Aktivitäten in der Einrichtung fotografisch dokumentieren und ausstellen.
* **Wachstum dokumentieren:** Eine Messlatte am Türrahmen zeigt an, wie die Kinder wachsen.

Geburtstagskalender

Für alle sichtbar wird ein Geburtstagskalender mit Fotos und Daten aufgehängt. Der Kalender fördert das Gefühl für Zeiträume.

Erinnerungen bewahren

Ein Gruppentagebuch wird regelmäßig von Kindern ergänzt; auf einer Gruppenwand werden die Ereignisse der letzten Monate zusammengestellt: gemalte Bilder, Fotos, Postkarten, Eintrittskarten usw.

Einstimmungs- und Begrüßungsrituale für den Kindergarten

Die ersten Tage im Kindergarten sind für viele Kinder eine große Herausforderung. Der Ort ist ungewohnt, die Menschen sind noch nicht miteinander vertraut, der Lärmpegel und das Gewusel gewöhnungsbedürftig, Freunde müssen gefunden und Vertrauen und Beziehungen zu den ErzieherInnen entwickelt werden. Begrüßungsrituale erleichtern den Einstieg in den neuen Lebensabschnitt und fördern Vertrauen und Entdeckerlust (→ S. 70).

Kindergartenbegrüßungstag

Der Tag findet in einigen Kindergärten erst nach der Phase der Eingewöhnung statt, um einen sanften Übergang ohne Brimborium zu ermöglichen. Er dient auch dazu, dass Eltern (und evtl. Großeltern und Geschwister) in den Kindergartenalltag hineinschnuppern können: Fotos, kleine Vorführungen zur Arbeit im Kindergarten, Spiele und Bastelaktionen geben einen Eindruck.

Schatzsuche durch den Kindergarten

Im Kindergarten ist ein Schatz versteckt. Alle Kinder der neu zusammengestellten Gruppe suchen gemeinsam mit älteren Kindern. Die Schatzsuche verläuft wie eine Schnitzeljagd. Indem die Kinder unbekannte Orte aufsuchen und Aufgaben erfüllen, machen sie sich spielerisch mit dem Kindergarten vertraut. Am Ende winkt der Schatz, z.B. ein neues Spiel für die Gruppe.

Patenschaft

Timo ist ganz aufgeregt. Heute lernt er Marla kennen und darf sie durch den Kindergarten führen. Er hat sich schon genau überlegt, was er ihr alles zeigen will: den Toberaum und das Ruhesofa mit den Kuscheltieren, die Küche und den Bastelraum. Vielleicht kann er ihr auch noch die Geheimverstecke im Garten zeigen und Napoleon, den Hasen, vorstellen. Dann soll er Marla auch noch einiges zum Kindergarten erklären. Die Kinder haben sich vorbereitet und auf einer Wandzeitung alles aufgemalt und aufgeschrieben, was wichtig ist. Und sie haben ein paar kurze Szenen über das Leben im Kindergarten einstudiert. Das war ganz schön viel Arbeit, aber Timo ist auch stolz, jetzt schon zu den Großen zu gehören.

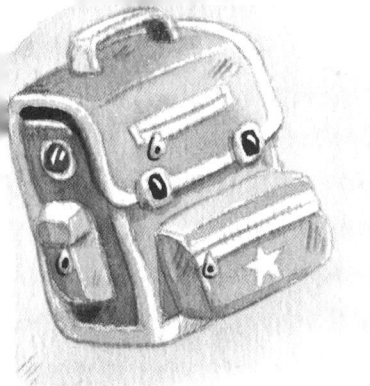

Einstimmungs- und Begrüßungsrituale für die Schule

Wenn ein Kind in die Schule kommt, fängt für Eltern, Geschwister und vor allem für das Schulkind selbst ein neues Kapitel im Leben an. Alle müssen erst in die neue Situation hineinwachsen und sich an einen anderen Lebensrhythmus und neue Herausforderungen gewöhnen. Die großen Veränderungen verursachen oft einen Gefühlscocktail aus Spannung, Vorfreude und Stolz. Wie kann der große Tag vorbereitet werden?

Vor dem ersten Schultag

* Schnupperbesuche in der Schule
* Das Kind erhält einen persönlichen Brief der zukünftigen Lehrerin
* Gemeinsames Einkaufen für die Schule / Wahl eines Ranzens
* Arbeitsplatz zu Hause gestalten, einen Tisch mit viel Licht, Platz und den ersten Utensilien einrichten
* Den Schulweg erkunden
* Einen Stundenplan selber gestalten

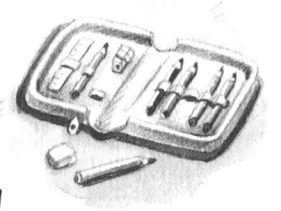

Der erste Schultag

Inzwischen ist es in fast allen Grundschulen üblich, ein Begrüßungsfest für die Neulinge zu veranstalten. Vorführungen der Kinder, Musik und Theater machen Lust auf Schule und das, was man dort lernen kann. Bei einer Schnitzeljagd oder Schatzsuche in kleineren Gruppen lernen die Kinder die Schule kennen. Auch das Ritual der Patenschaft (→ S. 90) eignet sich für den ersten Schultag oder die erste Schulwoche.

Die Schultüte

Ursprünglich war die „Zuckertüte" nur mit Bonbons und Pralinen gefüllt, in schlechten Zeiten wurde sie auch mit Papier oder Holzwolle ausgestopft. In einer gemeinsamen Familienaktion (oder als Väteraktion in der Kita) entsteht für jedes Kind eine individuelle Schultüte. Sie kann ein besonderes Geschenk zum Schulanfang enthalten: eine Taschenlampe, einen Wecker, die erste Armbanduhr, eine Leselampe, persönliche Namensschilder (-aufkleber) oder einen Adressstempel für das Kind.

Auch Briefe, Gutscheine und nicht-materielle Geschenke, die den Entwicklungsschritt des Kindes betonen, passen gut zum Anlass:

* ein Brief der Eltern oder Großeltern
* eine Mut machende Urkunde zur Einschulung
* einen Gutschein für ein paar Tage allein bei den Großeltern
* einen Ausflug nur mit einem Elternteil, einem guten Freund oder einem Paten
* ein Besuch im Kinderkino / Kindertheater

Was noch in die Tüte kommt: Selbstgebasteltes und Selbstgebackenes, eine Bastelarbeit der Geschwister, Spiele, Bücher, Musik und Süßigkeiten.

Geburtstag und Namenstag feiern

Der Geburtstag ist für Kinder einer der wichtigsten Höhepunkte im Jahr. Altersgerecht und liebevoll gestaltet wird er jedes Jahr zu einem einmaligen Erlebnis. Da das Kind gefeiert und geehrt wird, darf es sich Vieles wünschen: das Essen, den Ablauf der Geburtstagsfeier oder den Kuchen.

Geburtstage stehen für die Verabschiedung des alten Lebensjahres und für die Begrüßung des neuen. Sie sind deshalb eine gute Gelegenheit, um Veränderungen zu verkünden: eine neue Regel oder ein neues Ritual in der Familie, eine Taschengelderhöhung, etwas Neues dürfen, eine neue Aktivität, z. B. ein Musikinstrument oder eine Sportart zu beginnen.

In einigen Kulturen (z.B. in Griechenland und der Türkei) hat der **Namenstag** eine größere Bedeutung als der Geburtstag. Er erinnert an den Namenspatron, den Heiligen / die Heilige, die einem bestimmten Tag im Jahr zugeordnet wird. Im Sinne des „Nomen est omen" (lat., der Name deutet darauf hin) wird der Patronin zugeschrieben, ihre besonderen Gaben, Kräfte und Tugenden dem Kind zu übertragen und es zu beschützen. Das Kind wird der Heiligen anvertraut und der Namenstag wie ein Geburtstag gefeiert.

Besondere Rituale: Ein großes gebackenes Herz mit Zuckerschrift mit dem Namen versehen, in der Kirche eine Kerze für das Kind entzünden.

Gestaltung des Geburtstagsfestes

Für die Festvorbereitung ist es wichtig zu fragen:
* Steht das Kind wirklich im Mittelpunkt?
* Werden seine Wünsche berücksichtigt?
* Passt das geplante Fest zum Kind oder wird es für die Verwandten ausgerichtet?
* Welche geheimen Wünsche kann man dem Geburtstagskind erfüllen?

Es gibt unzählige „Klassiker" der Festgestaltung. Unbedingt mit dabei sein sollte das Wecken des Kindes am Morgen mit der Lebenskerze und Gesang, der Kuchen mit der Alterszahl an Kerzen (beim Ausblasen wünscht sich das Kind etwas) und Geburtstagsspiele nach Wunsch des Kindes.

Besondere Aktionen am Geburtstag können Zelten im Garten mit Lagerfeuer und Stockbrot, Museumsbesuch mit Quiz, Schminken und Verkleiden, eine Nachtwanderung sowie Schatzsuche oder Schnitzeljagd in Garten oder Park sein.

Familienrituale zum Geburtstag

* Jedes Familienmitglied hält das Kind an den Händen und gibt ihm einen persönlichen Wunsch für das kommende Lebensjahr mit (auch für den Schulanfang geeignet).
* Ein gemeinsamer Rückblick auf das letzte Jahr in Fotos
* Kind in der Decke wiegen

Briefe der Eltern zum Geburtstag

Um dem eigenen Kind die Möglichkeit zu geben, im Erwachsenenalter die eigene Entwicklung und Beziehung zu den Eltern nachzuvollziehen, bekommt es jedes Jahr zum Geburtstag einen Brief der Eltern. Diese Briefe werden gesammelt und am 18. Geburtstag überreicht.

Zum runden Geburtstag

* Anekdoten und Etappen im Leben des Kindes in Form einer **Galerie** ausstellen
* **Ein Bäumchen pflanzen:** Am fünften oder zehnten Geburtstag, beim Umzug in ein neues

Haus oder am ersten Schultag wird hiermit ein dauerhafter Akzent gesetzt. Das Kind bekommt ein Gefühl für die Veränderungen in der Natur, für Zeit und Wachstum und kann seinen Baum langfristig beobachten. Geeignet ist eine Zierpflaume oder ein Obstbäumchen.

* **Wurzelbuch:** In einem kleinen Fotoalbum werden die Wurzeln des Kindes zusammengestellt, z.B. Bilder von den Urgroßeltern und Großeltern, deren Berufe und Wohnorte, ebenso Fotos von Eltern (und deren Kindheit) und Geschwistern mit kleinen Geschichten und Anekdoten, gemeinsamen Erlebnissen und Begegnungen.

Rituale zum Geburtstag im Kindergarten

* Einen **Blumenkranz** um den Essplatz legen, Kind mit Kranz oder Krone schmücken
* Ein **kleines Geschenk wird versteckt** und die Suche von allen unterstützt: „heiß" und „kalt" rufen oder laut singen heißt „nah dran", leise singen heißt „weit weg".
* **Geschenke der Kindergartengruppe** ehren das Geburtstagskind auf besondere Weise, z.B.: Namen des Geburtstagskindes groß in bunten Buchstaben gestalten, eine Sammlung persönlicher Glückwünsche zusammenstellen, gemeinsam eine Kerze (aus bunten Wachsplatten) gestalten
* Kind mit **Geburtstagsthron oder -stuhl** (z.B. im Rahmen eines Projektes basteln) hochleben lassen, so oft wie es Lebensjahre zählt

Rakete

Die Rakete wird akustisch von der ganzen Gruppe erzeugt: Erst stampfen und trampeln alle so laut wie möglich mit den Füßen. Dann wird laut geklatscht. Schließlich hebt die Rakete mit einem immer lauter und immer höher werdenden Ton, z.B.: uuuuuiiiiiiiiii ab.

Die Rakete kann auch zu anderen Anlässen eingesetzt werden: Beim Abschied eines Kindes oder zur Begrüßung.

Warme Dusche

Kinder klatschen, trommeln oder klopfen für ein Kind.

Leckere Schokopralinen

Puderzucker, Kakao, Butter und etwas Zimt zu kleinen Kugeln formen und in Kakao wälzen. Eine Stunde im Eisfach kaltstellen und direkt vor dem Verzehr herausnehmen.

GEBURTSTAGSTHRON

EINFACHER STUHL MIT NEUER LEHNE (WIRD VOR DIE ALTE LEHNE GESCHRAUBT)

SPERRHOLZ AUSSÄGEN UND BEMALEN

BUNTES KISSEN

Geburtstagslieder

* Ich schenk dir einen Regenbogen (→ S. 72)
* Viel Glück und viel Segen
* Wie schön, dass du geboren bist

Glückwünsche

Vom großen Geburtstagsereignis bis zum Wunsch für einen gelingenden Tag begleiten Glückwünsche den Alltag. Kinder tragen gerne kleine Gegenstände in ihren Taschen, die sie als ihren Schatz den ganzen Tag hüten. Fragen Sie im Kinderkreis die Kinder nach ihren Erfahrungen mit dem Glückwünschen. Glückbringende Rituale sind kleine liebevolle Elemente des Alltags:

* der Traubenzucker zur Stärkung bei der Klassenarbeit
* der Schmeichelstein in der Hosentasche bei einem ersten Auftritt oder
* das Kuscheltier bei der Übernachtung an einem fremden Ort

Alle haben eine kraftvolle, Vertrauen weckende Wirkung.

Chinesische Glückskekse backen

Glückskekse sind wunderbar vielfältig einzusetzen: Aus Anlass des Geburtstages, als Mitbringsel, für Feste oder zur Versöhnung werden sie mit einem persönlichen Wunsch oder einer Botschaft versehen.

Zutaten: 60 g Weizenmehl, 60 g Puderzucker, 1 Prise Salz, 3 Eiweiß, 45 g zerlassene Butter
Backzeit und -temperatur: 5 Minuten bei 175 °C (Vorheizen)

Eiweiß schaumig schlagen, Puderzucker, Butter und Mehl unterrühren, bis der Teig glatt ist. Löffelweise den Teig im Abstand von ca. 7 cm auf dem Backpapier verteilen.
Direkt nach dem Backen Papierstreifen mit Sprüchen in die Mitte der „Taler" legen, zusammenfalten, und nach außen knicken.

Tipp: Nur wenige Kekse auf einmal backen, da sie sonst zu schnell hart werden und beim Falten brechen!

Literaturempfehlungen für Kinder
➡ Dich gibt's nur einmal auf der Welt (2004). Geschichten, die Kinder stark machen, Bindlach: Loewe Verlag.
➡ Kirsten Boie (2001): Kirsten Boie erzählt vom Angsthaben. Hamburg: Oetinger Verlag.
➡ Martina Mair, Pia Sandmann (2004): Vorlesegeschichten ab 4. Von Mutprotzen und Angsthasen. Ravensburg: Ravensburger Buchverlag.

Gemeinschaft entwickeln
Mit Ritualen das Zusammenleben gestalten

Wie wollen wir gemeinsam mit Kindern leben, spielen und lernen? Den Alltag zu gestalten bedeutet mehr, als ihn gut zu organisieren und Regeln aufzustellen. Kinder genießen vor allem die alltägliche Erfahrung, Teil einer Gemeinschaft zu sein und mitreden zu können. Sie wollen selbstständig sein und Abenteuer erleben, aber auch die Geborgenheit und Sicherheit einer Gruppe erfahren, in der sie sich entwickeln können. Jedes einzelne Kind und jeder Erwachsene bringt etwas in die Gemeinschaft ein: Sie wird dann besonders lebendig, wenn unterschiedliche Bedürfnisse und Persönlichkeiten von Kindern und Erwachsenen (PädagogInnen und Eltern) wahrgenommen und das Verständnis und die Achtsamkeit füreinander gefördert werden. Rituale helfen, diese unterschiedlichen Bedürfnisse zu erspüren, ihnen Raum zu geben und manchmal dafür eine Öffentlichkeit herzustellen. Sie dienen auch dazu, den Alltag offen zu halten für die Bedürfnisse des einzelnen und die Interessen der Gruppe oder Familie.

Eine Kultur des Zusammenlebens entwickeln

Ganz unterschiedliche Wertvorstellungen und pädagogische Überlegungen sind bei der Gestaltung des Zusammenlebens bedeutsam. Was ist Ihnen wichtig? Vielleicht liegt Ihnen besonders daran, dass Kinder ermutigt werden, ihre Meinung zu sagen und dass sie die Erfahrung machen, mitentscheiden zu können. Ihnen liegt ein verantwortungsvoller Umgang mit Gefühlen und Konflikten am Herzen? Sie möchten gemeinsame Regeln des Umgangs für den Alltag entwickeln und Rücksichtnahme einüben?

Zum Zusammenleben gehört auch, gemeinsam mit Kindern Abmachungen über den zur Verfügung stehenden Raum und die Zeit zu treffen. Wichtig ist auch die Erfahrung, dass es zum Leben gehört, sich um Unangenehmes (z. B. Aufräumen) zu kümmern und anfallende Arbeiten zu teilen. Verantwortung übernehmen macht Kindern Spaß und lässt sie spüren, dass sie ein wichtiger Teil der Gemeinschaft sind.

Tauschen Sie sich mit Ihren KollegInnen und mit den Kindern immer wieder darüber aus. Für die Gestaltung des Zusammenlebens gibt es keine allgemein gültigen Erfolgsrezepte. Jede pädagogische Einrichtung und jede Familie kann nur selbst einen zu ihr passenden Stil und sinnvolle Rituale entwickeln.

Gestaltungsspielräume im Alltag entdecken

Vielleicht wollen Sie in Ihrem Alltag mit Kindern etwas ändern: Gewohnheiten haben sich eingeschlichen, die sich als ungünstig erweisen. Es gibt Stressthemen oder Konflikte. Wo gibt es Anknüpfungspunkte für Veränderungen? Überlegen Sie gemeinsam und fangen Sie mit einfachen Dingen an. Entwickeln Sie nach und nach neue Formen für die Gestaltung des Alltags, die zu Ihnen und zu dem, was Sie und Ihr Team erreichen wollen, passen. Welche Rituale pflegen Sie selbst, die Sie Kindern vorleben können?

Vielleicht haben Sie manchmal das Gefühl, der Alltag mit Kindern besteht nur im Sichern von funktionierenden Abläufen. Wo können Freiräume und Gestaltungsmöglichkeiten entstehen? Sehen Sie nicht nur die äußeren Sachzwänge, sondern gehen Sie auch einmal von Ihrem Wunschalltag aus. Möglicherweise lässt sich doch etwas davon umsetzen.

Verständnis für sich und andere entwickeln

Sich selbst und andere besser zu verstehen gehört zu den Schlüsselerfahrungen eines sozialen Miteinanders. In der Prävention von Konflikten spielt die Fähigkeit, den anderen wahrzunehmen und sich in ihn hineinzuversetzen, eine wichtige Rolle. Mit der Erfahrung von Verstehen und Verstandenwerden wachsen auch die Toleranz gegenüber dem Anderssein und den Bedürfnissen des anderen Kindes oder Erwachsenen und die Erfahrung von Gegenseitigkeit.

Kinderkreis zum Thema Gefühle

Um die eigenen Gefühle zu verstehen und erkennen zu können, brauchen Kinder den Austausch mit anderen. Sie brauchen andere Menschen, die ihnen helfen, Gefühle zu begreifen und zu benennen. Sprechen Sie mit den Kindern über Gefühle, ihre Bedeutung für unser Wohlbefinden, unser soziales Handeln und das Zusammenleben mit anderen. Ermutigen Sie Kinder, immer wieder nachzufragen, wenn sie die Reaktion eines anderen nicht verstanden haben, z. B. nach einem Streit. Dann ist es wichtig, noch einmal die verschiedenen Gefühle zu benennen. Genauso wichtig ist es, das Zutrauen zu wecken, etwas von sich zu erzählen und mitzuteilen.

Im Kinderkreis kann gefragt werden:
* Was sind eigentlich Gefühle?
* Wann haben wir welche Gefühle?
* Wie fühlen sie sich genau an?
* Welche Gefühle hast du bei anderen wahrgenommen?
* Welche Gefühle erlebst du positiv, welche negativ?
* Wie können wir mit den jeweiligen Gefühlen umgehen?

Tipp: Ein Kinderkreis zum Thema Gefühle kann immer wieder, z. B. zu einem „neuen" Gefühl stattfinden.

Kreativer Umgang mit Gefühlen

Um Gefühle im Alltag zu thematisieren und die Kinder zu animieren, über Gefühle zu sprechen und sie auszudrücken, eignen sich besonders kreative Ausdrucksformen:
* Gefühle malen: Welche Form, welche Farbe haben deine Gefühle?
* Gefühle darstellen und fotografieren: Welche Ausdrucksmöglichkeiten hast du?
* Fotos von Menschen betrachten: Was hat dieser Mensch wohl gerade erlebt?
* Pantomime: Ein Gefühl wortlos, aber mit allen Ausdrucksmöglichkeiten des Körpers darstellen.

Herzensrunde

Material: Triangel oder Glocke, großes Herz, kleines Stoffherz; evtl. verschiedene Smileys

In der Mitte des Kreises liegt ein großes Herz. Die Herzensrunde wird mit einer Triangel oder Glocke eingeläutet. Jedes Kind kann, wenn es möchte (!), mitteilen, was es beschäftigt und wie es ihm geht. Dabei wird ein kleines Stoffherz demjenigen gereicht, der als nächstes sprechen will. Ernsthaftigkeit, Toleranz und Zuhören sollten diese Runde prägen.

Variante

In die Mitte verschiedene Smileys mit unterschiedlich gestimmten Gesichtern legen: wütend, traurig, nachdenklich, lachend. Sie helfen den Kindern, Stimmungen auszudrücken.

Zuwendung und Aufmerksamkeit für ein krankes Kind

Rituale helfen, auch Kinder, die länger krank sind, an der Gemeinschaft teilhaben zu lassen:

* Krankenbesuch mit einem besonderen Spiel und den Neuigkeiten aus Kindergarten und Schule (Hausaufgaben),
* kranken Kindern von draußen etwas mitbringen (z. B. etwas aus der Natur: Blätter, Zweige, Früchte),
* die Kinderseite aus der Zeitung, etwas zu lesen mitbringen.
* Kleiner Heilkreis für ein krankes Kind: Die Kinder fassen sich an den Händen und schicken ihm gute Gedanken, Liebe und Wärme. Worüber würde sich das Kind jetzt freuen? Anschließend gestalten sie gemeinsam eine Genesungskarte mit guten Wünschen und Unterschriften oder malen ein Bild.
* Nachtgedanken für das kranke Kind: abends vor dem Einschlafen kranke Menschen in die Gedanken und Gebete einschließen, eine Kerze anzünden.

(Rollen-)Spiele als Rituale

Spielen ist die Hauptbeschäftigung von Kindern. Ihr Spiel ist gesteuert vom Spaß daran, etwas scheinbar Zweckfreies zu tun, von der Neugier, etwas auszuprobieren und die eigenen „Spielräume" ständig lernend zu erweitern. Manches Kinderspiel ist geprägt vom schnellen Wechsel der Orte, Regeln und Rollen. Manchmal verfolgen Kinder auch über Wochen spielend ein Thema: Verstecken, Höhlen bauen, klettern oder kämpfen. Die Beobachtung des Kinderspiels hilft Eltern und PädagogInnen, sich Fragen zur Entwicklung der Kinder zu stellen, die gegenwärtigen Spielthemen zu erforschen und zu verstehen. Aus diesem Verständnis heraus kann wiederum der pädagogische Alltag gestaltet werden, indem Bedürfnisse und Lernwünsche der Kinder aufgegriffen werden.

In verschiedene Rollen schlüpfen

Kinder lieben es, spielerisch in andere Rollen zu schlüpfen, sich zu verkleiden und zu schminken. Sie probieren damit neue Ausdrucksformen aus und erleben ungewohnte Gefühle. Rollenspiele ermöglichen es, die eigenen Grenzen zu überschreiten und neue Erfahrungen mit sich selbst und anderen zu sammeln: Wie fühlt es sich an, einmal den Bösewicht zu spielen oder die gute Fee? Neue Rollen zu entdecken und in eine Verkleidung zu schlüpfen bedeutet, aus sich herauszugehen und etwas Neues von sich zu zeigen.

Rollentauschrituale helfen, andere zu verstehen

Bewusst angeleitete Rollentauschrituale können Kindern helfen, einmal die Perspektive zu wechseln und sich auf die Sichtweise des anderen einzulassen. Kindern lernen, sich besser in andere hineinzuversetzen und Respekt vor ihrer Andersartigkeit zu entwickeln, besonders dann, wenn sich in der Kindergruppe oder unter Geschwistern festgelegte Rollen eingeschlichen haben. Im Rollenspiel werden häufig Anteile, die sonst wenig Ausdruck finden, spielerisch hervorgelockt. Der „schwächelnde Angsthase" darf einmal den „aufmüpfigen Wüterich" spielen und umgekehrt.

Gemeinsam in der Gruppe lernen, spielen und produktiv sein

Zu zweit, zu dritt oder als ganze Gruppe etwas gemeinsam zu bewältigen ist eine kraftvolle und beeindruckende Erfahrung. Gerade in der Projektarbeit können Kinder Zusammenarbeit ausprobieren: Gemeinsam an etwas Größerem zu arbeiten stärkt nicht nur das Selbstbewusstsein des einzelnen Kindes, sondern das der ganzen Gruppe. Kinder lernen sich selbst und andere besser kennen und erfahren gegenseitige Wertschätzung. Wichtige Impulse geben auch Spiele, die die Zusammenarbeit und nicht das Gewinnen bzw. Verlieren in den Vordergrund stellen.

Das Zweierteam

Die Erfahrung zu zweit etwas herzustellen oder ein Problem zu lösen ist unersetzlich und macht Spaß. Kinder können erleben, dass es unterschiedliche Möglichkeiten gibt, eine Aufgabe zu lösen, und dass jedes Kind sich dabei mit seinen Fähigkeiten einbringen kann. Streiten und harmonisch sein, nachgeben und sich durchsetzen gehören zu diesem Prozess dazu. Ganz egal, was dabei herauskommt, die Kinder machen die Erfahrung: Wir haben gemeinsam etwas geschafft. Das „Produkt" erzählt eine kleine Geschichte davon, welchen Weg sie im Zweierteam zurückgelegt haben.

Tipp: Für jüngere Kinder ist eine kleine gemeinsame Aufgabe geeignet: etwas bauen, herausfinden, malen oder basteln. Ältere Kinder können z.B. etwas erforschen, jemanden befragen, gemeinsam eine Naturbeobachtung dokumentieren, ein Einladungsplakat entwerfen, eine Schatzsuche für jüngere Kinder vorbereiten.

Kinderkreis zum Thema: Teilen!

Kinder müssen täglich in ganz verschiedenen Lebensbereichen teilen: Sie teilen sich Spielzeug und Bastelmaterial, einen Raum und die zur Verfügung stehende Zeit, Essen wird geteilt und das Klettergerüst im Garten. Schließlich müssen sich Kinder im Kindergarten auch ihre Bezugspersonen und deren Aufmerksamkeit „teilen". Teilen ist ein alltägliches Ritual, bei dem es um Gleichbehandlung und Gerechtigkeit geht, aber auch um das Abgeben können. Folgende Fragen regen die Kinder zum Nachdenken über das Thema Teilen an:

* Wann macht Teilen Spaß?
* Was möchte ich teilen, was nicht?
* Was gehört nur mir?
* Wie fühlt sich „Teilen auf Zeit" an (z.B. Spielzeug, wenn ein Kind zu Besuch ist)?
* Mit wem teile ich gerne etwas?

Teilen im Alltag

Kinder brauchen das Gefühl, nicht zu kurz zu kommen, aber auch die soziale Erfahrung, dass Teilen Spaß machen kann, z.B. wenn man etwas verschenkt.

* Teilen ist im Alltag präsent, z.B. als Versöhnungsgeste oder wenn es darum geht, gerecht den Nachtisch oder Kekse nach dem Backen zu teilen.
* Teilen kann auch im Zusammenhang mit einem Fest intensiver thematisiert werden, z.B. beim türkischen Opferfest (Süßigkeiten und Kuchen werden in der Nachbarschaft verschenkt) oder an Sankt Martin, dessen Geschichte einen schönen Zugang zum Thema Teilen bietet.
* Ein kleines Teilritual, das dem Wunsch nach Gerechtigkeit sehr entgegenkommt: Ein Kind teilt etwas in zwei Hälften, das andere darf sich das gewünschte Stück auswählen.

Wenn Projektarbeit zum Ritual wird

Projekte ermöglichen es, sich gemeinsam mit den Kindern einem Thema intensiv zu nähern und dabei mit vielen verschiedenen Methoden tätig zu werden: Informationen sammeln, basteln, Museumsbesuche, Werken mit neuen Materialien, Erkundungen in Stadt und Natur. Projektarbeit gehört unmittelbar in die Erfahrungs- und Lernwelt des Kinderalltags. Kinder werden auf besondere Weise aktiv. Sie probieren Neues aus und erweitern ihre Interessen. Sie lernen, sich selbst und andere für ein Thema zu begeistern und Produkte ihrer Arbeit darzustellen. Projektarbeit kann besonders dann entwickelt werden, wenn Kinder ein Thema vertiefen wollen oder Fragen stellen, die mit Hilfe von Projektarbeit beantwortet werden können. Regelmäßige Projektarbeit ermöglicht es, immer wieder die Interessen und Wünsche der Kinder aufzugreifen und kreativ zu bearbeiten. Die Kinder erweitern ihre Kompetenzen, ihre Urteilsfähigkeit, Konfliktfähigkeit und Selbstständigkeit. Entwickeln Sie einen groben Ablauf für Projekte, den die Kinder wiedererkennen können und der ihnen die Arbeit erleichtert.

Mit Projekten Änderungen anschieben

Was möchten Sie mit einem Projekt erreichen? Es kann einfach darum gehen, thematisch Feste und Jahreszeiten einzuleiten und zu begehen (z. B. Oster- und Weihnachtswerkstatt) oder Kindern ganz bestimmte (Lern-)Erfahrungen zu ermöglichen (z. B. bei der Beschäftigung mit dem Straßenverkehr oder einer Stadtteilerkundung bzw. der Erstellung einer Stadtteilkarte). Vielleicht wollen Sie aber auch etwas ganz Besonderes erreichen. Es gibt vielleicht viel Streit oder einige Kinder werden häufig ausgeschlossen? Sie denken, die Kinder brauchen mehr Möglichkeiten Ihre Gefühle einzuordnen und auszudrücken? Fragen Sie sich, welches Thema in Ihrer Gruppe gerade dran ist (z. B. Konflikte, Gefühle wie Wut, Mut oder Vertrauen). Mit einem Projekt zum Thema Gefühle oder Freundschaft ermöglichen Sie neue Erfahrungen und unterstützen die Gruppe darin, sich zu „bewegen" und aus eingefahrenen Strukturen herauszukommen.

Spielend aufräumen

Wir alle kennen die Zufriedenheit nach dem Aufräumen und das Wohlgefühl in einem geordneten Zimmer. Aber Kinder sollten nicht schon beim Spielen an das Aufräumen denken müssen und auch mal Chaos verbreiten dürfen. Auf Basis der persönlichen Wünsche und Grenzen müssen Kinder und Erwachsene aushandeln, in welcher Form das Aufräumen stattfindet und wie das Ergebnis sein soll, so dass alle sich wohlfühlen. Eine Kunst ist es, unliebsame Pflichten in Kindergarten und Familie spielerisch und fröhlich zu gestalten. Verbinden Sie deshalb Notwendiges mit Schönem, z.B. mit Musik oder einem Spiel.

Aufräumrituale

* Das Aufräumen wird immer von Musik begleitet. Vielleicht etabliert sich eine Aufräum-Musik oder reihum darf ein Kind entscheiden, welche Musik gespielt wird.
* Zu Beginn des Aufräumens erklingt eine Glocke oder ein Gong.
* Zeit festlegen: Aufgeräumt wird in einem bestimmten Zeitrahmen, z.B. während eines Liedes, das ein-, zwei- oder dreimal gesungen oder gespielt wird.
* Aufräumtag: Ein fester Tag oder eine feste Stunde verhindert Debatten um die Notwendigkeit des Aufräumens und kann von einem kleinen Highlight gekrönt werden (z.B. einem Spiel oder Imbiss)

Spielend Aufgaben verteilen

* Farben ziehen: Jede Farbe steht für ein Spielzeug oder einen Bereich im Raum,
* Der Anfangsbuchstabe jedes Kindes steht für ein bestimmtes Spielzeug.
* Jedes Kind räumt das Spielzeug auf, mit dem es zuletzt gespielt hat.
* Die Kinder räumen in Zweierteams auf.
* Die Älteren helfen den Jüngeren.

Aufräumreim

So ein Riesendurcheinander.
Komm, wir helfen schnell einander,
Räumen alles wieder ein,
Suchen, Kramen muss nicht sein.

Wo sind bloß die Autos hin?
Und die Stifte und die Tiere?
Räum sie schnell noch in den Schrank,
In die Kist' dort an der Wand.

Morgen find' ich alles wieder,
Klötze, Scheren und den Flieger.
Kann von Neuem mit den Sachen
N' Riesendurcheinander machen.

Wie wollen wir zusammenleben?

In Kindergarten, Schule und Familie müssen sich Persönlichkeiten mit sehr unterschiedlichen Bedürfnissen und Temperamenten auf Umgangsweisen im Alltag einigen. In jeder Gruppe können Reibungspunkte auftreten, die das Zusammenleben aus dem Takt bringen. In einem solchen Fall bietet es sich an, für die Gruppe (oder für die Familie) ganz persönliche Regeln aufzustellen. Regeln sind aber nur eine formale Art, das Zusammenleben zu gestalten. Sie brauchen eine Kultur der Beteiligung, Wertschätzung und Gleichberechtigung als Nährboden, damit sie wirklich Beachtung finden.

Kinderkreis zum Thema soziale Regeln

Die Bedeutung dieses Rituals liegt vor allem in dem individuellen Prozess, gemeinsam anerkannte Regeln zu finden und sie auch regelmäßig zu überprüfen und zu verändern. Im Rahmen eines Kinderkreises können die Kinder selbst konkrete Ideen entwickeln, wie sie das Miteinander gestalten wollen. Das gemeinsame Aushandeln ändert den Charakter von Regeln als etwas, das unumstößlich und nicht beeinflussbar ist. Das Ergebnis kann ganz unterschiedlich sein, weil jede Kindergruppe „ihr" Thema hat und verschiedene Schwerpunkte setzt. Indem die Kinder das Ergebnis in Bildern und Worten gestalten, bekräftigen sie es und bringen es täglich sichtbar in Erinnerung.

Rechte und Pflichten aufschreiben bzw. aufmalen

Für Alltagssituationen, die regelmäßig zu Streit führen, lohnt es sich, für jeden Rechte und Pflichten aufzumalen oder aufzuschreiben. Einige Situationen eignen sich dafür besonders, weil sie „krisenanfällig" sind, z.B. der Abend und der Morgen in der Familie. Auch im Kindergarten sollten Rechte und Pflichten unbedingt gemeinsam entwickelt und aufgemalt werden und mit den Bedürfnissen der Beteiligten eng verknüpft sein. Das heißt auch, dass sie altersgemäß sind, also im Laufe der Zeit überprüft und angepasst werden.

Ein Tiermotto gemeinsam entwickeln

Finden Sie gemeinsam ein Tier, das alle schätzen und zum „Tier der Gruppe" wählen: z.B. der starke Bär, der schlaue Fuchs, der fröhliche Delphin oder der fürsorgliche Elefant. Überlegen Sie mit den Kindern, welche Eigenschaften bestimmter Tiere sie gut finden und warum. Tierbücher informieren über die besonderen Eigenschaften und Fähigkeiten von Tieren. Mit welchem Tier können sich die Kinder identifizieren?

Persönlicher Stempel

Stempel waren z.B. im alten Griechenland sehr verbreitet und wurden als unverwechselbares Symbol für jeden Menschen benutzt, etwa bei Vertragsunterzeichnungen. Kinder können mit dem Stempel ihr Eigentum kenntlich machen, einen Vertrag oder Briefe unterschreiben.

Material: Moosgummi, Schere, Klebstoff, kleiner Holzquader, Stempelkissen, Papier

Mit einer feinen Schere aus Moosgummi ein persönliches Symbol ausschneiden und auf einen kleinen Holzquader kleben. Nun braucht man nur noch ein Stempelkissen und ein Blatt Papier.
In einer gemeinsamen Runde beschreibt und erklärt jedes Kind sein Symbol und warum es ihm wichtig ist.

Gemeinsam Entscheidungen treffen

Kinder brauchen die Erfahrung, dass ihre Meinungen und Wünsche wichtig sind. Zu einem demokratischen Erziehungsstil gehört die Beteiligung von Kindern als Bestandteil der Alltagsgestaltung. Zusammenkünfte für gemeinsame Entscheidungen, Wahlmöglichkeiten und Wunschäußerungen der Kinder setzen wichtige Akzente im Alltag.

Wahlsteine

Material: pro Kind 1 nicht zu kleiner, flacher Stein, Farbe, Pinsel, evtl. Klarlack

Jedes Kind gestaltet seinen persönlichen Wahlstein selbst. Das Bemalen der Steine kann eine schöne Aktion in der Kindergruppe sein.
Bei einer Wahl werden die Möglichkeiten (für eine Aktivität, ein Projekt usw.) auf Blätter gemalt oder geschrieben und auf dem Boden verteilt. Nun hat jedes Kind die Möglichkeit, seinen Wahlstein zu legen und sich so einer Interessengruppe anzuschließen. Mithilfe der Wahlsteine können auch Mehrheitsentscheidungen herbeigeführt werden: Die Aktivität mit den meisten Steinen „gewinnt".

Variante

Die **Wahlsteine** können auch als **Schutzsteine** verwendet werden: Wenn ein Kind eine Arbeit begonnen hat, legt es seinen Schutzstein auf oder neben die nicht fertig gestellte Arbeit mit der Botschaft: Hier darf nichts kaputt gemacht werden. Das gehört mir.

Weitere Möglichkeiten, Entscheidungen zu treffen, ein Angebot zu wählen oder Gruppen zu bilden:

* **Kieselsteinwahl:** Die verschiedenen Entscheidungsmöglichkeiten werden aufgeschrieben oder aufgemalt. Jeder bekommt 5–7 Kieselsteine und kann sie seinen Neigungen entsprechend verteilen. Die Option mit den meisten Steinen wird verwirklicht.
* **Punkte kleben** (eine Variante der Kieselsteinwahl): Jeder hat 5–7 Klebepunkte zu verteilen.
* **Geheime Wahl:** Die geheime Wahl macht Kindern ab fünf Jahren besonders viel Spaß. Jeder schreibt oder malt auf einen Zettel seinen Favoriten, faltet ihn und wirft ihn in einen Hut. Dann wird ausgezählt.
* **Abstimmung:** In der klassischen demokratischen Variante hat jeder Kopf oder jede Hand eine Stimme.

Kinderkonferenz

Julian ist sauer. Schon wieder hat jemand seine Turnsachen verschleppt und er musste in Strümpfen turnen. Das letzte Mal hat er den Beutel erst Tage später im Bastelschrank gefunden. Heute ist Kinderkonferenz und er hat ganz fest vor, das Problem zu besprechen. Nach dem Mittagessen finden sich alle Kinder der Gruppe zusammen, eine große schöne Decke wird ausgebreitet. Mareike, Julians Erzieherin, legt ein paar Zweige aus dem Garten in die Mitte, eine Kerze und das Konferenzbuch. Jedes Kind darf einmal die Kerze anzünden, heute ist Lena dran. Dann wird das Konferenz-Lied angestimmt und alle Kinder versammeln sich um die Decke. Mareike fragt, wer die Konferenz leiten will, und Aysan erklärt sich bereit. Erst werden mindestens drei positive Dinge genannt: Den Kindern fällt ein, dass bald der Advent beginnt, Hannes findet die neue Praktikantin nett und Mareike freut sich, dass alle Kinder Fotos von ihren Großeltern für das Familienprojekt mitgebracht haben. Sie muss sich wie alle anderen melden, wenn sie etwas sagen will.

Nach der Runde werden alle Punkte gesammelt, die besprochen werden müssen: Aufgaben werden neu verteilt, Projekte und Ausflüge geplant, Mareike erzählt etwas über den kommenden Advent. Schließlich bemalen die Kinder noch eine Karte für ein krankes Kind. Dann kommen offene Fragen und Probleme auf den Tisch. Jeder soll zu Wort kommen. Julian kann endlich seine Wut äußern. Zwar gibt es keine direkte Lösung und niemand weiß, wer sich den Spaß mit den Turnsachen erlaubt, aber Julian ist trotzdem froh, dass er sich getraut hat, das Thema in die Runde zu bringen.

Kleines Kinderteam

Das Kinderteam ist die kleine und (all)tägliche Variante der Kinderkonferenz und findet in vielen Einrichtungen anstelle des Morgenkreises statt. Die Erfahrung, dass jeder ernst genommen wird und jede Meinung wichtig ist, kann hier vermittelt werden: Das Kinderteam dient dazu, die Meinungen und Wünsche der Kinder zu erfragen und den Alltag zu planen. Das Kinderteam braucht eine gewisse Zeit, bis es eingeübt ist.

Eltern einbinden, Lebenswelten integrieren

Eltern wollen informiert werden, an wichtigen Entscheidungen beteiligt sein und manchmal auch gerne ihr Kind in der Einrichtung erleben. Elternarbeit bedeutet auch die Lebenswelten der Kinder zusammenzubringen, zu integrieren und ihre jeweiligen Ressourcen für die Kinder zu nutzen:

* *Was kann die Familie in die Einrichtung tragen, was die Einrichtung in die Familie?*
* *Gibt es Gelegenheiten, bei denen Kinder von Zuhause erzählen können?*
* *Wie kann gegenseitige Hilfe aussehen?*
* *Wie kann eine Kultur der Zusammenarbeit zwischen Einrichtung und Familie geschaffen werden?*
* *Welche Gelegenheiten gibt es, Eltern in die pädagogische Einrichtung zu holen? Gemessen an einem so wichtigen Thema können hier nur wenige Anregungen gegeben werden.*

Frühstücksbesuch

Wer möchte, kann die Kindergartengruppe zu einem einfachen Frühstück (Pfannkuchenessen, Waffelessen) einladen. Das ist eine unkomplizierte Art, das Zuhause eines Kindes gemeinsam zu besuchen. Die Eltern bzw. der Elternteil kann die Gruppe des eigenen Kindes einmal „live" erleben.

Vorlesen als Ritual

Machen Sie das Lesen von Kinderbüchern zum festen Ritual in Ihrem Alltag mit Kindern. Wichtiger Bestandteil ist das gemeinsame Gestalten einer gemütlichen Leseecke, z.B. ein (Matratzen-) Lager mit kuscheligen Decken und Kissen, Kerzenlicht und warmem Tee. Schaffen Sie beim Vorlesen einen Raum, in dem Kinder körperliche Nähe und Geborgenheit erfahren.

Schon während des Vorlesens ist eine offene Gesprächssituation wichtig. Es dürfen Fragen gestellt und Antworten gefunden werden. Nutzen Sie Bücher als Brücke zum eigenen Leben und benennen Sie Parallelen zu konkreten Situationen aus dem Alltag der Kinder. Beziehen Sie Ihre kleinen ZuhörerInnen mit ein und fragen Sie z.B.: Wie fühlt sich dieser Junge wohl? Kennst du das auch?

Kinderbücher können

* gezielt als Unterstützung eingesetzt werden, z. B. um eine aktuelle Problemsituation zu verarbeiten oder ihr ggf. vorzubeugen.
* Kinder in eine andere Welt eintauchen lassen und dadurch neue Sicht- und Verhaltensweisen vermitteln.
* den Blick für neue (Lösungs-) Möglichkeiten öffnen, wichtige Sachinformation vermitteln und zu einem tieferen Verstehen beitragen.
* Identifikationsmöglichkeiten bieten, indem sich die Kinder in den Figuren wiederfinden und wiedererkennen können.
* Trost schenken und Halt geben.

Vorlesen fördert die Fähigkeit, zuhören zu können, sich zu konzentrieren (Zeitraum evtl. langsam erweitern) sowie Fantasie zu entwickeln. Es unterstützt das Sprachverständnis und erweitert den eigenen Wortschatz. Außerdem bringt Vorlesen Spaß und weckt Lust auf das eigene Lesen.

Tipp: Legen Sie einen Bücherfundus an für wichtige Themen und nutzen Sie die (Kinder-) Bibliothek als Quelle und Beratungsstelle.

Eltern lesen für Kinder

An einem bestimmten Tag der Woche lesen Eltern vor. Märchen, die Kinderbuchautorin Astrid Lindgren, Krimis, Geister- und Tiergeschichten können monatlich wechselnde Themen sein.

Märchen in der Muttersprache lesen

Für Einrichtungen mit Kindern verschiedener Kulturkreise ist es ein bereicherndes Ritual, Märchen in der Muttersprache vorzulesen. Den Klang einer anderen Sprache zu hören ist spannend, gerade dann, wenn ein bekanntes Märchen zu hören ist. Auch wenn Kinder die Sprache kaum verstehen, konstruieren sie sich aus dem Gehörten ihre eigene Geschichte. Die Erfahrung von Mehrsprachigkeit ist für alle Kinder für ihr Wissen über die Welt von Bedeutung. Kinder, in deren Muttersprache vorgelesen wird, sind einmal diejenigen, die mehr wissen und etwas erklären können.

Erzähl mir eine Geschichte!

Geschichten und Märchen sind im Kinderalltag sehr wichtig, weil sie an die reiche innere Erlebnis- und Fantasiewelt der Kinder anknüpfen. Sie bedeuten nicht nur Unterhaltung, Entspannung und das Eintauchen in magische, wundersame Welten. Geschichten nähren auch die Gefühls- und Erfahrungswelten der Kinder. Sie ermöglichen es, eigene und fremde Erfahrungen zu vergleichen und etwas über sich und andere zu lernen. Wissen um wichtige Entwicklungsschritte im Leben wird weitergegeben.

Schaffen Sie für dieses Erlebnis viel Raum im Kinderalltag und gestalten Sie einen schönen Ort mit bequemen Sitzgelegenheiten, an dem das Vorlesen zelebriert werden kann. Geschichten können außerdem dazu dienen, in der Kindergruppe ein neues Thema zu beginnen, ganz egal ob es eine Jahreszeit, ein Konfliktthema oder eine andere Kultur ist. Das Erzählen von Geschichten und Märchen kann im Alltag zum festen Ritual werden und dem Tag eine besondere Struktur geben, z. B. in folgenden Situationen

- zur Ruhe kommen, sich mittags oder abends entspannen
- sich auf etwas konzentrieren oder sich einstimmen
- mit einem oder mehreren Kindern über ein Thema ins Gespräch kommen (danach unbedingt Zeit für Reaktionen, Fragen und Gespräche freihalten)
- etwas über andere Menschen, Kulturen oder Sprachen erfahren (z. B. Eltern lesen in ihrer Muttersprache vor)

Geschichten und Märchen sollten gut ausgewählt werden und auf Grausamkeit, unzeitgemäße Moral, Verhaltensvorstellungen und Rollenbilder der Geschlechter überprüft werden!
Zum Kinderalltag gehören auch **Fabelwesen**. Kleine folkloristische Mythen rund um den Osterhasen, Knecht Ruprecht oder die Zahnfee bereichern Feste, Übergänge und Jahreszeiten. Auch wenn Kinder nach und nach die Wahrheit durchschauen, halten sie gerne an diesen Traditionen fest. Die Grenzen zwischen Imagination und Wirklichkeit sind in der Kindheit noch fließend.

Austausch und Kommunikation mit den Eltern

Rohrpost

In einer Küchenpapierrolle, gestaltet und beschriftet mit den Namen der Kinder, stecken Elternbriefe, Nachrichten von anderen Eltern, Flyer usw. Sie sind ein Briefkasten für die Eltern und sichern den Fluss schriftlicher Informationen.

Pinnwand

Was gab es zu essen? Welche besonderen Ereignisse / Aktivitäten fanden statt? Da viele Kinder oft nicht sehr mitteilsam sind, gibt die Pinnwand Hinweise, die die Eltern am Ende des Kindergartentages mit den wichtigsten Informationen zum vergangenen (und kommenden) Tag versorgen.

Gruppenbuch

Morgens möchten oft fünf Eltern gleichzeitig etwas mit einer der ErzieherInnen besprechen. Damit keine Informationen und Fragen verloren gehen, gibt es ein Gruppenbuch, in das Eltern alle wichtigen Informationen hineinschreiben können: Ob ein Kind Schnupfen hat, schlecht geschlafen hat oder am Nachmittag mit einem anderen Kind nach Hause gehen darf. Keine noch so alltägliche Information von Bedeutung soll verloren gehen.

Wandzeitung

Während der Arbeit an einem Projekt informiert die Wandzeitung über den Stand der Dinge oder stellt Ergebnisse und Informationen für alle aus. Schließlich kann auf einer Wandzeitung die laufende Kindergartenarbeit dokumentiert werden.

(Groß-)Eltern-Kind-Spielenachmittag

Einmal im Monat (oder in größeren Abständen) basteln und spielen Eltern nachmittags gemeinsam mit den Kindern in der Einrichtung.

Spannend ist es auch, einmal im Jahr oder öfter einen **Großelterntag** zu veranstalten: Laden Sie Eltern und Großeltern zum Singen, Fotos anschauen, Berufe kennenlernen, Feste verschiedener Kulturen feiern oder Geschichtenerzählen ein. Dieser Tag kann auch unter einem bestimmten Motto stehen, z. B. Kleidung aus früheren Zeiten: Die Verwandten bringen einen interessanten Gegenstand oder ein Kleidungsstück aus früheren Zeiten mit und erzählen eine Geschichte dazu.

Varianten
Elterncafé (→ S. 32), Großelterncafé oder Großeltern-Spielenachmittag.

Familienwand

Fotos der Großeltern, Eltern und Geschwister jedes Kindes werden als kleine Stammbäume ausgestellt, z. B. im Rahmen eines Projektes zu Familie oder Generationen oder in der Anfangsphase der Kita- oder Schulzeit. Die Fotos regen an, Fragen zu stellen und von früher bzw. von der eigenen Familie zu erzählen.

Rituale rund um das Zusammenleben in der Familie

Solidarische Gefühle und Toleranz, Geborgenheit, Wertschätzung und Vertrauen wünschen wir uns als Erfahrung für Kinder in der Familie. Aber auch die Familie selbst ist ein Team, in dem sich Verbindungen und Verbindlichkeiten nicht automatisch herstellen, sondern Zeit und liebevolle Pflege erfordern. Rituale helfen, eine Familienkultur zu gestalten und stärken die Familienidentität. Die meisten der Rituale in den thematischen Kapiteln sind auch für die Familie verwendbar. In diesem kleinen Kapitel sind einige Rituale zusammengestellt, die besonders für die Familie geeignet sind.

Stimmungsbarometer

Das Stimmungsbarometer gibt Auskunft über die aktuelle Verfassung und Beschäftigung von Familienmitgliedern. Damit kann man alle informieren, ohne zu sprechen. Es hängt z. B. an der Tür und macht für jeden sichtbar auf die Kontaktwünsche eines Kindes oder Erwachsenen aufmerksam. In der Mitte eines Kreises ist mit einer Flügelklammer ein Pfeil angebracht, der auf verschiedene Botschaften gerichtet sein kann, z. B. „bin beschäftigt, bitte nicht stören", „ich bin müde und schlafe", „ich bin wütend" oder Ähnliches. Jeder kann sein eigenes individuelles Stimmungsbarometer entwerfen.

Variante

Eine einfache Variante des Stimmungsbarometers ist ein Anhänger „Bitte nicht stören" für Zeiten des Rückzugs.

Fünf-Uhr-Tee

Nach dem Nachhausekommen sind Kinder und Eltern oft müde oder unruhig. Alle Familienmitglieder müssen sich auf den Nachmittag und Abend zu Hause einstellen und entscheiden, womit sie sich beschäftigen wollen. Notwendiges für den Abend muss vorbereitet, Dinge erledigt werden. Hilfreich ist ein kurzes gemeinsames Sammeln und Stärken am Familientisch oder im Wohnzimmer bei gemeinsamem Imbiss, Zuhören oder Kuscheln. Dann kann über Erlebtes berichtet, Informationen ausgetauscht und, wenn nötig, Dampf abgelassen werden.

Rituale für die Familie

- Familienbuch mit Nachrichten
- Familienstammbaum mit Lebensorten und Berufen
- Familien-Andenkenbuch oder -Tagebuch
- Aktuelle Pinnwand
- Wochenplanung am Sonntagabend
- Ein selbst gemachter Wochenkalender mit Taschen oder Fächern, in die etwas gelegt werden kann
- Symbole für Aufgaben und Tätigkeiten (→ S. 26)
- Familienverträge
- Familiengalerie
- Gästebuch / Besucheralbum

In der Familie: Kranksein und Gesundwerden begleiten

Wenn Kinder krank werden, brauchen sie besondere Zuwendung. Kranksein bedeutet auch, noch einmal klein und schutzbedürftig sein zu dürfen. Nicht jede Krankheit ist ernst und unter Umständen springt ein Kind quicklebendig herum. Dennoch kann Krankheit mit Schmerzen, Fieber und Erschöpfung, manchmal auch mit Ängsten verbunden sein, die Geduld und Trost erfordern. Das gilt gerade dann, wenn die Erkrankung länger andauert und schwerer ist. Kinder machen dann die Erfahrung, dass mit dem eigenen Körper etwas Unberechenbares passiert. In der Regel bringen Zeiten der Krankheit das Familienleben für alle Beteiligten durcheinander. Vielleicht können Sie das ungeplante Zusammensein aber auch als eine geschenkte Zeit betrachten: Die Zeit der Krankheit birgt die Chance, einmal zur Ruhe zu kommen und Abstand vom Alltag zu nehmen.

Heilung unterstützen

* **Unterstützung des körperlichen Wohlbefindens:** z.B. durch besonderes Essen, Tee, ein wohltuendes Krankenlager, eine Massage oder ein duftendes Bad, und durch die Kraft positiver Gedanken (z.B. Pläne schmieden für das Gesundsein)
* **Kreativ den Heilungsprozess unterstützen:** die Krankheit malen und kneten, Gipsverbände und Pflaster in einer Gemeinschaftsaktion gestalten, Hand oder Arm mit Tattoostiften verzieren, ein Bild malen: z.B. was ich als erstes mache, wenn ich wieder gesund bin
* **Wohltuende Ernährung:** Obst erfrischt und kühlt bei Fieber, Obstsäfte helfen gegen Durst. Milchreis, Griesbrei, Pfannkuchen und Milchshakes mögen kranke Kinder besonders gern.

* **Das Krankenbett gestalten:** Dicke Kissen zum Aufsetzen, Lieblingstier, ein Tischchen mit Getränken und Obstteller, Kassettenrekorder, Büchern und Spielen, Blumen bereitstellen und Bilder aufhängen. Das Krankenbett kann auch auf dem Wohnzimmersofa mitten im Geschehen aufgebaut werden, wenn das Kind sich sonst ausgeschlossen fühlt und trotz Krankheit ein bisschen Trubel verträgt. Weniger kranke Kinder können sich eine Höhle bauen und darin ein Mittagsschläfchen halten.
* **Aktionen am Krankenbett:** Vielleicht ist nun die Gelegenheit, etwas Besonderes zu tun: alte Fotoalben ansehen, eine Collage aus alten Zeitschriften kleben, einen Brief malen oder schreiben. Für Krankheitszeiten kann auch eine besondere „Schatztruhe" mit Spielen bereit stehen.

Genesungsfest

Die Genesung eines Kindes zu feiern, bedeutet den Übergang vom Kranksein zum Gesundwerden für das Umfeld deutlich zu vollziehen und Erleichterung und Freude auszudrücken, dass alles überstanden ist. Das kann man z.B. zeigen, indem man die besten Freunde einlädt, einen Ausflug oder ein Picknick macht, ein besonderes Essen zubereitet, eine kleine Gesundheitsfeier veranstaltet.

Rituale in der Familie am Wochenende

Das Wochenende bzw. der Sonntag ist für viele der einzige Zeitpunkt, an dem alle Familienmitglieder zusammen sein können. Mit Ritualen kann dieses Zusammensein besonders zelebriert und ausgekostet werden. So dienen einerseits ausgeklügelte Weckrituale und Frühstücksfeiern dazu, der Freude am Zusammensein Ausdruck zu geben. Der gemeinsame Sonntagsbrunch oder das sonntägliche Abendessen als verbindliche Familientreffpunkte unterstützen ein Gefühl für die Familie als Team und für wechselseitige Verantwortung. Dies ist der Zeitpunkt, um zu erzählen, Absprachen für die folgende Woche zu treffen, Aufgaben im Haushalt zu verteilen und einen Überblick für die individuellen Pläne der einzelnen Familienmitglieder zu erhalten. Das Wochenende bietet sich auch dafür an, einmal nur mit einem Kind etwas zu unternehmen.

Wochenendplanung

Dieses Ritual besteht aus der gemeinsamen Herstellung eines Ideenrades für das Wochenende in der Familie und seiner regelmäßigen Anwendung.

Material: bunter fester Karton, Schere, Stifte, Lineal, Flügelklammer

Mithilfe eines Topfes einen Kreis auf dem Karton malen und ausschneiden. Die Familie stellt gemeinsam eine Liste mit Lieblingsaktivitäten für das Wochenende zusammen. Diese werden in die eingezeichneten „Kuchenstücke" eingetragen. Einen Pfeil ausschneiden und mit einer Flügelklammer in der Mitte befestigen.
Vor dem Wochenende wird in der Familie gemeinsam das Rad gedreht. Es hilft, zusammen mit den Kindern zu überlegen und zu planen, wie das Wochenende gestaltet werden kann.

Freitagsgemütlichkeit (schwed. „Fredagsmys")

Am Freitagabend feiert man in Schweden den Auftakt zum Wochenende. Normalerweise kuschelt sich die ganze schwedische Durchschnittsfamilie auf dem Sofa zusammen, zum Essen und Knabbern, Reden und Fernsehen oder Spielen. Die Kinder dürfen bestimmen, was gegessen und was gespielt wird. Dieser Abend ist heilig – man verabredet sich nicht mit anderen und ruft besser nicht an. Der Freitagabend ist auch die Zeit, um Wünsche und Bedürfnisse für die zwei freien Tage zu äußern, Termine abzustimmen und Pläne zu schmieden.

Variante Familienabend
Einen Abend in der Woche nur für die Familie reservieren: gemeinsames Spiel, eine Bastel- oder Malaktion, ein dreigängiges Menü (gemeinsam gekocht) und vieles mehr. In wechselnder Verantwortung bereiten Kinder und Erwachsene den Familienabend vor.

Wonniges Wecken

Ausschlafen lassen und dann mit einer extra zärtlichen Sonntagsmassage wecken, ausführliche Kuschelrunde im Familienbett, Toben und Kissenschlacht, abwechselnd Samstag/Sonntag darf ein Elternteil ausschlafen, der andere geht zum morgendlichen Vorlesen und Erzählen zu den Kindern. Ein besonders kuscheliger Einstieg in den Sonntag: Ein Elternteil legt morgens die Kleidung des Kindes auf die Heizung, dann darf noch ein paar Minuten weitergedöst werden, bis die warmen Strümpfe, Hosen, Pullover angezogen werden.

Literaturempfehlungen für Kinder
- Achim Bröger, Irmgard Paule (2006): Fabian teilt mit Marie. Geschichten vom Behalten und Abgeben. Würzburg: Edition Bücherbär im Arena Verlag.
- Thomas Brezina, Gottfried Kumpf (2000): Dicke Freunde. Ich mag dich, auch wenn du anders bist als ich! Wien: Jungbrunnen Verlag.
- Kirsten Boie (2002): Kann doch jeder sein, wie er will. Hamburg: Oetinger-Verlag.
- Marcus Pfister (2006): Timo und Matto wollen nicht das Gleiche. Zürich: NordSüd Verlag.
- Henriette Wich, Daniel Napp (2004): Heute gehe ich ins Krankenhaus. Kleine Sachgeschichten zum Vorlesen. Hamburg: Ellermann-Verlag.
- Erwin Grosche (2006): 3 × täglich Pusten. Geschichten zum Gesundwerden. Stuttgart: Thienemann Verlag.

Von der Wut, vom Neinsagen und Versöhnen

Die Kraft der Wut konstruktiv nutzen

Wut als vitale Kraft

Wut ist ein komplexer Ausdruck von Lebensenergie. Wut und damit verbundene aggressive Gefühlsäußerungen können sowohl zerstörerisch als auch lebenserhaltend wirken. Wertfrei betrachtet bedeutet Aggression Bewegung: Das lateinische Wort *aggredere* steht nicht nur für „angreifen", sondern auch für „annähern, ergreifen, zupacken". Diese vitale „Bewegungskraft" dient also auch der Selbsterhaltung. Sie hilft Grenzen zu setzen, sich für die eigenen Rechte und Grundbedürfnisse stark zu machen und deutlich Ja und Nein sagen zu können.

Einen Umgang mit der eigenen Wut finden

Wut ist in unserer Gesellschaft oft negativ besetzt und löst bei vielen Erwachsenen Angst und Abwehr aus. Gerade bei der Beschäftigung mit Wutritualen kann es deshalb sehr hilfreich sein, sich zuallererst zu fragen: Wie gehe ich selbst mit Wut um? Unsere eigene Einstellung Wut gegenüber ist entscheidend dafür, ob wir Kindern mit einer annehmenden Haltung begegnen können. Vermitteln wir, dass es in Ordnung ist, Wut zu spüren und auch zu zeigen? Dass wütend sein, genau wie Lachen und Weinen, wie Sonne und Regen, zum Leben dazugehört? Außerdem ist es manchmal gar nicht einfach, die eigenen Gefühle von denen des Kindes zu trennen und nicht selbst wütend zu werden. Auch in diesem Zusammenhang können Ihnen persönliche Rituale helfen, bei sich zu bleiben und Ruhe zu bewahren.

Wut hat verschiedene Formen

In welcher Form Kinder Wut verspüren und äußern, ist sehr unterschiedlich. Wutanfälle sind häufig mit Erfahrungen der Machtlosigkeit bzw. Ohnmacht verbunden. Auslöser können eine starke Unrechtserfahrung sein, die Frustration darüber, den eigenen Willen nicht zu bekommen, ausgegrenzt zu werden, sich nicht wichtig, ernst genommen oder verstanden zu fühlen. Für die kindliche Entwicklung ist es grundsätzlich wichtig, Erfahrungen mit den eigenen Gefühlen machen zu dürfen und auch mit der Äußerung negativer Gefühle angenommen zu werden. Für PädagogInnen und Eltern bedeutet der Umgang mit kindlicher Wut und „gesunden" Aggressionen oft eine große Herausforderung. Darüber hinaus ist es manchmal nicht leicht zu erkennen, an welchem Punkt Aggressionen destruktiv werden und mehr als Einfühlungsvermögen und Verständnis erfordern. Suchen Sie sich im Zweifelsfall professionelle Unterstützung.

Mit Ritualen Gefühle ausdrücken lernen

Rituale können im Umgang mit starken Gefühlen eine wichtige Begleitung sein. Sie unterstützen dabei, Energien zu verwandeln. Die starke Energie der Wut wird in konstruktives Tun wie Bewegung und Kreativität umgelenkt, statt sich in zerstörerischem Verhalten auszudrücken. So finden sich traditionell in allen Kulturen Rituale, die vorbeugend eingesetzt wurden, um Eskalationen zu vermeiden, z. B. durch regelmäßig veranstaltete Wettkämpfe. Rituale helfen uns, einen kanalisierten und damit „entschärften" Ausdruck für Emotionen wie

Wut und Trauer zu finden. Viele der hier vorgestellten Rituale verweisen auf bestimmte Ebenen wie Körperwahrnehmung, sprachlicher oder künstlerischer Ausdruck etc. Sie lassen sich auf andere Emotionen wie Trauer und Angst entsprechend abgewandelt übertragen.

Wütende Kinder brauchen Menschen, die ihnen beistehen. Rituale helfen, einen Raum zu schaffen, in dem auch schwierige Gefühle wahrgenommen und gewürdigt werden. Sie unterstützen sowohl Kinder als auch Erwachsene darin, Wut als Signal zu verstehen, um genau hinzufühlen und zu spüren, worum es eigentlich geht.

Wenn wir die Wut aus dieser Perspektive betrachten, wird sich je nach Temperament und besonderer Situation eine angemessene Ausdrucksform finden lassen. Experimentieren Sie mit den Formen der Wutäußerung. Das Kapitel gibt Anregungen dazu, wie Kinder ihre Wut bewegen, benennen, sichtbar oder hörbar ausdrücken und letztlich dadurch die Kraft, die in der Wut steckt, schöpferisch nutzbar machen.

Die Versöhnungsrituale am Ende des Kapitels tragen zur heilsamen Erfahrung mit Wut bei.

> **Grundregeln bei allen Ritualen rund um die Wut**
> 1. Sich nicht gegenseitig wehtun.
> 2. Sich nicht selbst verletzen.
> 3. Nichts kaputt schlagen.

Die Wut zur Sprache bringen

Rituale erleichtern Kindern das Sprechen über ihre Gefühle. Auch wenn für kleinere Kinder die sprachliche Ebene noch schwierig ist, ist die Erfahrung wichtig: Jemand hört mir zu, meine Gefühle werden ernst genommen. Deshalb könnte es ein wichtiges Grundritual für die Erwachsenen sein, ob im Kindergarten- oder Familientrubel, auf jeden Fall und als erstes die Möglichkeit zur Aussprache zu schaffen. Für manche Kinder ist es wichtig, hierfür einen bestimmten geschützten Ort aufzusuchen. Manchmal wollen sich Kinder auch zunächst einmal zurückziehen und sich erst später über ihre Wut äußern. Auch dann ist es wichtig, deutlich die Bereitschaft zu zeigen: Wenn du sprechen möchtest, bin ich für dich da!

Nach einem Streit sollten alle beteiligten Kinder dazu ermutigt werden, ihre Gefühle ausdrücken und die Möglichkeit erhalten, die eigene Sicht darzustellen. Jedem wird bis zum Ende zugehört, ohne zu unterbrechen bzw. zu werten.

Handpuppe

Manchmal kann es in der akuten Situation für das Kind leichter sein sich anzuvertrauen, wenn es von einem Wesen oder Tier angesprochen wird, das dann fragt: Musst du gerade weinen? Was ist denn passiert? Bist du sauer?

Es können sich auch individuelle Rituale mit speziellen Tieren für besondere Gefühlslagen entwickeln, oder Kinder haben ihr Lieblingswesen, mit dem sie sprechen möchten.

Kinderkreis zum Thema Wut

Erfinden Sie eine Geschichte zum Thema Wut, die allgemein vom Wütendsein erzählt oder sich ganz konkret auf den aktuellen Anlass des Streits bezieht. Sie können z. B. von Tieren erzählen, die in eine vergleichbare Situation geraten sind und jetzt eine kreative Lösung suchen. Fragen Sie die Kinder selbst nach einer Lösungsmöglichkeit für die „Geschichte". Hilfreich ist es auch, gemeinsam Bilderbücher zum Thema anzusehen und zu besprechen. Sammeln Sie zusammen mit den Kindern vergleichbare Situationen:

* Was macht mich wütend?
* Wie und wo in meinem Körper kann ich die Wut fühlen?
* Was hilft mir, wenn ich wütend bin?
* Was ist gut an der Wut?

Mit dem Nein umgehen lernen

Ein Nein löst oft Wutausbrüche aus. Sowohl das Neinsagen, als auch ein Nein zu akzeptieren, will geübt sein. Wenn man z. B. etwas nicht will, weil es einen ärgert oder wehtut, ist es wichtig, Nein sagen zu können. Wenn das Nein überhört wird, steigt häufig Wut auf. In diesem Fall sollte ein Kind auch dazu angeregt werden, sich Hilfe zu holen.
Wichtig: Erklären Sie, dass es sich hier nicht um Petzen handelt (das darauf abzielt, etwas Unangenehmes über andere zu sagen). Denn wenn das eigene Nein ignoriert wird, ist es wichtig, für sich selbst einzutreten und ggf. einen Erwachsenen um Unterstützung zu bitten.

„Ich mag das nicht!"

Kinder können schrittweise lernen zu äußern, was sie stört. Manche brauchen vielleicht mehrere Situationen mit erwachsener Begleitung. Wichtig ist, dass Kinder lernen, sich selbst ernst zu nehmen und immer mehr das Selbstvertrauen entwickeln, für sich selbst einzustehen.

1. Schritt: Die Erzieherin kommt mit und spricht für das Kind, z. B. „Anne möchte nicht, dass du auf ihrem Bild malst."
2. Schritt: Die Erzieherin kommt mit und stellt sich daneben, das Kind spricht für sich selbst.
3. Schritt: Das Kind spricht alleine für sich.

Kinderkreis zum Thema „Nein"

Eine hilfreiche Einstimmung in das Thema ist das Zusammentragen von Situationen rund um das Neinsagen:

* Wann ist es wichtig, Grenzen zu setzen und deutlich „Stopp" zu sagen?
* Wann fällt es mir schwer „Nein" zu sagen?
* Wie fühlt es sich an, wenn ich „Nein" sage und es wird ignoriert?
* Was passiert, wenn ich unbedingt etwas haben möchte und mein Gegenüber „Nein" sagt?

Anschließend einzelne Situationen mit verteilten Rollen spielen. Danach tauschen sich die Kinder über ihre unterschiedlichen Erfahrungen aus.

Rituale zur Abgrenzung

Wenn in der Kindergruppe oder in der Familie Grenzüberschreitungen zum Thema werden, können Rituale eine wichtige Erfahrung und Gesprächsgrundlage bilden. Dabei geht es um beide Aspekte von Grenzsetzung: die Grenzen anderer Kinder zu akzeptieren und eigene Grenzen zu setzen.

Material: pro Kind 1 Knäuel rote Schnur (ca. 10 m lang)

Folgende Übung unterstützt Kinder dabei, ihre Grenzen zu spüren und ihren eigenen Raum einzunehmen. Die Kinder stellen sich in großem Abstand voneinander in den Turnraum. Jedes Kind erhält ein Knäuel rote Schnur, ca. 10 m lang.

* *Stelle dich entspannt hin und schließe, wenn du möchtest, die Augen.*
* *Nimm deinen Körper wahr, von den Füßen bis zu den Fingerspitzen (du kannst dich auch berühren), und atme tief in den Bauch.*
* *Nachdem du dich selbst gefühlt hast, nimm nun auch den Raum um dich herum wahr.*
* *Versuche zu spüren, wie viel Raum du um dich herum brauchst, um dich gut und sicher zu fühlen.*
* *Du kannst diesen Raum zuerst mit den Händen in der Luft beschreiben und zum Abschluss mit einer roten Schnur auf den Boden legen.*

Anschließend werden die unterschiedlichen Kreise betrachtet und münden in ein Gespräch über die verschiedenartigen Bedürfnisse der Kinder, z.B. Was will ich in meinem Raum? Was nicht?

Vertiefung

Ein Kind steht in seinem „Schutzkreis" und übt, seine Grenzen zu verteidigen. Ein zweites Kind nähert sich langsam. Wenn es zu nahe kommt, ruft das erste Kind deutlich „Stop" oder „Nein". Die Kinder geben sich gegenseitig Feedback, z.B. Wie hört sich mein Nein an? Ist es glaubwürdig?

Variante

Die Erzieherin spielt einen Tiger, der sich nähert, das Kind sagt laut und überzeugend „Nein", bis der Tiger reagiert.

Die Wut in Bewegung bringen

Wenn wütende Kinder als „Energieknöteriche" aufgeladen durch die Zimmer tigern, wird es Zeit in Bewegung zu kommen. Bewegung macht den Kanal frei, damit die Energie wieder fließt. Außerdem lernen die Kinder ihren Körper wahrzunehmen, bewusst Anspannung zu spüren und loszulassen. Die folgenden Aktivitäten werden gezielt als deeskalierende Rituale eingesetzt, um ordentlich Dampf abzulassen, statt zu explodieren.

Manchmal gibt es bestimmte Situationen im Kindergarten oder in der Familie, bei denen sich schon vorhersehen lässt, dass die Kinder leicht gereizt und aggressiv sein werden. So kann es an diesem Tag zum Ritual werden, einen festen Zeitraum zum Abreagieren aufgestauter Gefühle einzuplanen (z. B. Montag mit dem oft heiklen Übergang von der Familien- zur Kindergruppen- oder Schulzeit). Wichtig ist

* die Begleitung eines Erwachsenen
* ein klar gesetzter Anfang und
* ein deutlicher Abschluss (s. u.).

Tipp: Wenn der Körpereinsatz mit Stimmeinsatz verbunden wird, kann oft noch besser Spannung gelöst werden, z. B. durch ein lautes „Ha!", Wut- oder Schimpflaute.

⚠ An die Grundregeln (→ S. 113) erinnern!

Anregungen

* zu rhythmischer **Musik** tanzen und hüpfen, mit den Füßen trampeln und stampfen,
* **Nudel-Tanz:** mit halbierten Schwimmnudeln auf den Boden hauen und dazu klangvolle Fantasieschimpfworte rufen (z. B. „Kacku") oder ein Wutlied singen
* **Kissenschlacht** oder gezielt auf ein **Wutkissen** schlagen
* **Wutball:** einen dicken Luftballon durch die Luft kicken oder mit Sand füllen, draufhauen und auf den Boden werfen
* **Spaziergang** machen und mit Anlauf in Schnee-, Laub- oder Heuhaufen springen

Kraftrituale aus dem Kinderyoga

Diese Übungen bringen Kinder in Kontakt mit ihrem Körper. Sie helfen bei Wut und schlechter Laune Spannung abzubauen. Die Kinder können dabei im Kreis sitzen oder stehen und z. B. den Vulkan der Reihe nach explodieren oder den Löwen brüllen lassen (→ S. 82).

Ausschütteln & Ausstreichen

* Schüttel deinen Körper so kräftig, wie du kannst – von den Füßen bis zum Kopf – und schüttel alles ab, was du nicht mehr brauchst (z. B. Anspannung, Wut).
* Streiche mit den Handflächen von der Körpermitte nach außen bis zu den Finger- und Zehenspitzen.

Festes Halten bei Ungehaltensein

Manchmal kann ein außer sich geratenes Kind auch durch Festhalten wieder beruhigt werden und zu sich kommen. Zeitweise brauchen Kinder jemanden Großes, Starkes, gegen den sie drücken und kämpfen können, jemand, der sie gut festhält und ihre Wut aufnehmen kann. Die Betonung liegt hier auf dem Gehaltensein, Sicherheit geben, Körperkontakt spüren.

⚠ Festhalten darf keine Machtausübung oder Maßregelung des Kindes sein.

Der Wut Gehör verschaffen

Musik im weitesten Sinne kann helfen, sich bei Wut Luft zu machen. Wenn es Kindern schwer fällt, die eigene Wut sprachlich zu artikulieren, haben sie bei den folgenden Ritualen die Möglichkeit, sich durch Bewegung und Klang auszudrücken. Auch ein Instrument (z. B. Trommel) oder die Tischplatte kann zum vermittelnden „Sprachrohr" werden.

Kinder fühlen sich oft mit ihrer Wut allein gelassen. Es kann auch eine Wutspirale entstehen: Ein Kind ist wütend und stößt damit auf Ablehnung bei anderen und wird dadurch noch wütender. Viele der folgenden Rituale eignen sich gut dafür, sich in der Gruppe dem Thema Wut zu stellen und dadurch das Gefühl der Zugehörigkeit wieder zu stärken.

Fantasie-Schimpfen

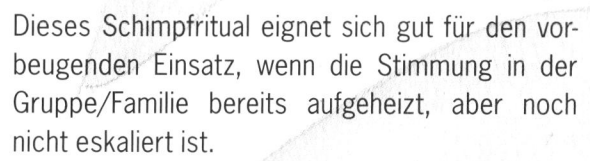

Dieses Schimpfritual eignet sich gut für den vorbeugenden Einsatz, wenn die Stimmung in der Gruppe/Familie bereits aufgeheizt, aber noch nicht eskaliert ist.

Gemeinsam beginnen alle in einer ausdrucksstarken und lautmalerischen Fantasiesprache laut zu rezitieren. Dies kann durch wildes Gestikulieren noch unterstützt werden. Zurückhaltendere Kinder werden gezielt angesprochen und in ein Fantasiegespräch gezogen. Diese kreative Form Dampf abzulassen kann mitunter so viel Spaß bringen, dass aus dem wütenden Gezeter irgendwann eine verzeihliche, anerkennende Stimmung hervorgeht. Das Ritual kann aber auch durch ein Fantasieschlusswort, z. B. mit einer eindeutigen Endung wie „finito" und einem Klatschen der Hände, beendet werden.

„KARUCKELDUPAMPAZACKELDIWUSCH"

Stimme

Auch mit Singen oder Schreien verleihen wir der Wut eine Stimme. So kann ein zeitlich begrenztes Um-die-Wette-Schreien erlösend sein.

Besonders die Kombination von motorischer und stimmlicher Ebene, z. B. durch Trommeln kombiniert mit Schreien, macht die Kraft, die in der Wut liegt, erfahrbar.

Auch Wutlieder, selbst erdachte oder allen bekannte, können zum entspannteren Umgang mit Wut beitragen.

Bewegungslied: „If you're happy (bzw. angry) and you know it, clap your hands" auf Englisch oder Deutsch „Wenn du glücklich (wütend) bist, dann klatsch mal in die Hand" singen.

Gewitterimprovisation

Durch selbst erzeugte Geräusche mit dem eigenen Körper oder mit Instrumenten kann Wut wie ein sich zusammenbrauendes Unwetter klanglich dargestellt werden. Es beginnt mit harmlosen vereinzelten Tropfen, steigert sich langsam in Geschwindigkeit und Lautstärke zu einem wilden Platzregen mit Sturm und Hagelschauern bis sich schließlich die Spannung in gefährlich grollenden Donnerschlägen und krachenden Blitzen entlädt. Dieses Ritual kann die Gruppe wieder zusammenführen und die Atmosphäre wie ein Gewitter reinigen. Auch ohne Konflikt kann das „Gewitter" regelmäßig im Alltag zur energetischen Entladung eingesetzt werden.

Die Wut sichtbar machen

Gefühle lassen sich auch durch künstlerische Medien ausdrücken, manchmal auch „befreien". Mit den folgenden Ritualen aktiver Gestaltung können Kindern ein diffuses Gefühl greifbarer machen, Spannung abbauen und Spaß haben.

In den Körper spüren

Um Gefühle sichtbar auszudrücken, ist es hilfreich, sich zuerst bewusst auf den eigenen Körper zu konzentrieren. Spür genau hin, wo und wie du die Energie der Wut wahrnehmen kannst:
* Wie fühlt sich Wut in meinem Körper an?
* Kribbelt sie in den Zehen? Ballt sie sich im Bauch zusammen?
* Bleibt sie mir im Hals stecken oder steigt sie mir glühend in den Kopf?
* Wird mir dabei eher heiß oder kalt?
* Wie verändert sich meine Atmung?

Wichtig: Bei diesen Ritualen geht es nicht darum, dass ein „schönes Werk" entsteht, sondern dass Gefühle unzensiert ausgedrückt werden dürfen. Überlassen Sie es dem Kind, ob es sein Bild/Tonobjekt zeigen, zerreißen bzw. zerstören oder mit nach Hause nehmen will.

Malritual

Einstiegsfragen: Welche Farbe hat die Wut? Ist sie dick oder dünn, grellrot oder schwarz mit gelben Punkten?
Tipp: Eine hilfreiche Begrenzung zum Einstieg ist, spontan drei Farben auszusuchen.
Die Wut malen: Die Wut kann abstrakt auf das Papier geklatscht werden, sie kann aber auch die Form eines gefährlichen Wutwesens annehmen, z.B. feuerspeiender Drache oder mehrköpfiges Monster.
Stampfbild: Mit nackten Füßen und Fingerfarbe Bilder auf dem Boden malen bzw. stampfen.

Wutritual mit Ton

Als Einstieg und zum Abreagieren eignet sich Ton hervorragend dazu, intensiv zu matschen bzw. einen Tonklumpen schwungvoll auf ein Brett oder einen Tisch zu klatschen.
Einstiegsfragen: Welche Form hat meine Wut? Hat sie spitze Stacheln oder fiese Glubschaugen?
Die Wut kneten: Der Ton wird zu einem Wuttier oder erhält eine abstrakte Wutform.
Das Wutobjekt wird entweder getrocknet oder zermatscht und zur Weiterverwendung des Tones wieder in Plastik verwahrt.

Der Wut mit Humor zu Leibe rücken

Humorvolle Interventionen können kleine Ablenkungsmanöver sein, wie ein plötzliches Grimassenschneiden oder verrückte Geschichten erfinden, die die Aufmerksamkeit des Kindes auf sich ziehen. So wird eine Situation geschaffen, in der sich die Wut löst und alle wieder lachen können. Etwa Rumpelstilzchen spielen, das versucht sich in der Mitte durchzureißen und dabei hinfällt. Lachen entspannt und bringt etwas Abstand zur Situation.

Wichtig: Für diese Art „paradoxer" Rituale braucht es Fingerspitzengefühl. So kann z. B. durch frühzeitiges und humorvolles Benennen einer typischen Verhaltensweise bzw. eines Reaktionsmusters des Kindes, einem Wutanfall vorgebeugt werden. Wichtig ist dabei, dass man gemeinsam lacht und dass sich das Kind nicht ausgelacht fühlt. Auch hier sollte ein Gesprächsangebot über den Auslöser der Wut nicht vergessen werden.

Variante
Gemeinsam mit den Kindern ein Lachritual, z. B. einen sich gegenseitig ansteckenden „Kicherhaufen" kreieren. Dazu legen sich alle mit dem Kopf auf den wackelnden Bauch eines anderen (auf dem Teppichboden oder auf Matten).

Magische Rituale

Die Kraft der „Magie" (magische Worte, Objekte und Handlungen) lässt sich wirksam einsetzen, um Wut wirklich loszulassen. Diese Rituale eignen sich gut als abschließende Handlung, wenn die Wut bereits genug Raum und Ausdruck gefunden hat und nun endgültig verabschiedet werden soll.

* Der Wut einen Namen geben, z.B. magische Wortschöpfungen wie „Rattengewitter" erfinden.
* Wut in die Toilette spucken und wegspülen.
* Wut unter der Dusche oder in einer wohltuend duftenden Badewanne abwaschen.
* Wutzettel zerknüllen und an die Wand werfen oder in viele kleine Fetzen reißen und mit aller Kraft in die Luft pusten.

Variante
Auf den Wutzettel zuvor den Grund für den Ärger aufschreiben (lassen).

Wutteigtaschen

Zunächst alle Zutaten eines leckeren Pizzateigrezeptes vorbereiten. Dann den Teig durchkneten und die Wut durch die Hände in den Teig strömen lassen. Den Teig mit aller Kraft auf den Tisch knallen und durchwalken und schließlich in den heißen Ofen schieben und die Wut endgültig in der Hitze verdampfen lassen. Das Ergebnis, eine leckere Pizza oder Teigtasche, kann als Versöhnungsritual gemeinsam verzehrt werden.

Gelassenheit üben

Rituale zur Förderung der eigenen Gelassenheit sind besonders hilfreich, wenn jemand Streit anfangen will. Um bei sich zu bleiben, tut es gut, sich selbst zu spüren. Ein wichtiger Schlüssel, um Ruhe zu bewahren, ist der Atem. Bewusstes Atmen lässt sich gezielt durch kleine Übungen z. B. aus dem Yoga trainieren.

Dreimal tief durchatmen (oder „21, 22, 23" zählen) ist auch für Erwachsene ein sehr hilfreiches Miniritual, um angesichts eines herumwütenden Kindes bei sich zu bleiben. Kurz innehalten, den Körper aufrichten, Schultern und Gesicht entspannen und in drei Phasen lang und tief ein- und ausatmen:
* Lass den Atem zuerst tief in den Bauch strömen,
* dann in den Brustkorb, dass sich die Rippenbögen weiten und
* zuletzt bis in die Lungenspitzen bzw. Schlüsselbeine atmen und
* wieder langsam ausströmen lassen.

Variante
Dreimal tief in den Bauch atmen und auf „pf" ausatmen.

Kühlender Atem

Streck deine Zunge heraus, roll sie zusammen und lass den Atem lang und tief durch den Mund ein- und ausströmen (→ S. 82).
Tipp: Auch das Summen oder Singen eines Liedes kann positiv auf Atmung und Stimmung wirken.

Rituale zur Versöhnung

Nach einer Konfrontation mit der Wut bedarf es besonderer Rituale zur Versöhnung, zum Trösten und Beruhigen. Wenn die Wut verraucht ist, wird uns oft erst bewusst, was wir gesagt oder getan haben. Für Kinder ist es besonders wichtig zu erfahren, dass Streit und Wutäußerungen – auch zwischen den Eltern – vorkommen können, dass dadurch aber nicht alles aus und vorbei ist. Lassen Sie Kinder die heilsame Erfahrung machen, dass man sich entschuldigen und wieder vertragen kann.

Versöhnendes von Erwachsenen für Kinder

Wenn ein Kind vor Wut ganz außer sich war, können Erwachsene mit folgenden Ritualen über Körper- und Hautkontakt ein Gefühl von Wärme, Geborgenheit und Sicherheit vermitteln:

* in die Arme nehmen und halten
* auf den Schoß nehmen und wiegen
* gemeinsam atmen
* Hand auf die Stirn legen
* Fußmassage
* Hängemattenritual: mit Decken und Kissen mit dem Kind in der Hängematte kuscheln und leicht schaukeln
* Kind in einer Decke oder einem Laken liegend zu zweit sanft hin- und herschaukeln und besingen
* Badewanne, entspannende Düfte, beruhigende Musik

Kleine Rituale als Zeichen der Wiederannäherung

Versöhnungsrituale helfen dabei, trotz Streit emotional verbunden zu bleiben. Nicht immer ist eine Konfliktlösung perfekt und kann alle schlechten Gefühle und Verletzungen ausräumen. Gerade dann kann es wichtig sein, ein Zeichen zu setzen zur Entschuldigung oder zur Wiedergutmachung und mit der Botschaft: Ich habe dich gern. Gerade die ersten Annäherungsschritte können durch Rituale erleichtert werden, wenn die Worte fehlen. Kleine Gesten helfen, weiter miteinander zu reden und die Achtung für den anderen nicht zu verlieren.

Tipp: Wenn ein Kind noch nicht bereit ist zu verzeihen, lässt sich fragen: Brauchst du noch Zeit? Was brauchst du noch, damit es wieder gut sein kann?

Überlege, wie du dem / der anderen eine Freude machen kannst:

* Versöhnungskekse backen, evt. mit einem Briefchen (→ S. 94, Glückskekse)
* kleines Versöhnungsgeschenk einpacken
* Blumen hinstellen
* Entschuldigungsbriefchen schreiben
* Versöhnungsbild (z. B. Regenbogen) malen
* Zettel mit der Frage „Bist du noch böse?" durch die Tür schieben oder überbringen lassen
* Rücken an Rücken sitzen und zusammen atmen oder zusammen weinen
* etwas teilen
* gemeinsam einen Friedenstrunk zu sich nehmen, dabei mit untergehakten Armen auf Bruderschaft trinken

Entschuldigungsritual

Die Bitte um „Ent-schuld-igung" ist ein notwendiger Schritt, um eine Konfliktsituation zu einem guten Abschluss zu bringen. Dabei geht es darum, sich für etwas zu entschuldigen sowie das Vergeben zu signalisieren: Lass uns den Streit beenden und die freundschaftliche Verbindung wieder herstellen. Kinder können in solchen Situationen die Stärke entwickeln, Verantwortung für ihr Verhalten zu übernehmen. Rituale können diesen Schritt erleichtern und die heilsame Wirkung erfahrbar machen.

Klassisch: Beide Kinder reichen sich die Hände, schauen sich dabei in die Augen und sagen „Entschuldigung".

Variante: Eine weitere Hand wird oben aufgelegt, so kann das Annehmen der Entschuldigung und damit die freundschaftliche Verbindung „besiegelt" werden.

Einen Ort für den Frieden schaffen

In einem Zimmer oder im Garten einen Friedensplatz zur Versöhnung einrichten. Dies kann z. B. eine Insel oder Ecke sein, die mit einem Friedenssymbol (Taube, Regenbogen, weiße Fahne) gestaltet wird. Die Gestaltung selbst kann als Ritual vollzogen werden. Vielleicht muss der Ort auch mit einem bestimmten Wort oder einer Geste betreten werden.

Literaturempfehlungen für Kinder
- Jutta Bauer (1998): Die Königin der Farben. Weinheim/Basel: Beltz & Gelberg.
- Janin Lee Curtis (2001): Glücklich, traurig, ärgerlich … so fühl ich mich. Hamburg: Edition Riesenrad.
- Maurice Sendak (1963): Wo die wilden Kerle wohnen. Zürich: Diogenes Verlag.
- Elisabeth Zöller, Brigitte Kolloch, Susanne Wechdorn (2006): Ich bin ganz schön wütend. Vorlesegeschichten vom Wütendsein und Einander-Verstehen. Hamburg: Heinrich Ellermann Verlag.

Anhang

Register

Rituale

Abgrenzung, Rituale zur	115
Abschied	68
Abschiedsfest	71
Abschiedsgeschenke	72
Abschiedsrituale	70
Abschiedsschiff	79
Abschied vom Kindergarten	71
Adventskalender	43
Adventskalender, Wieder verwendbarer	44
Adventsweg	44
Altar bauen, Einen	58
Arbeitsteilung am Morgen	13
Aufgaben verteilen	26
aufräumen, Spielend	101
Aufräumrituale	101
Auspackritual, Kleines	47
Ausschütteln & Ausstreichen	116
Barbarazweige	39
Begrüßungsritual	25
Besondere Tage	30
Briefe der Eltern zum Geburtstag	92
Danken	37
Das neue Jahr begrüßen	48
Einschlafen (Gebete und Gedichte)	20
Einschlafen (Geschichten)	20
Einschlafritual am Abend	18
Eltern	105
Eltern lesen für Kinder	106
Eltern-Kind-Spielenachmittag	107
Entscheidungen treffen, Gemeinsam	103
Entschuldigungsritual	122
Entspannung am Mittag	14
Entwicklungsschritte dokumentieren	89
Erinnerungen bewahren	89
Erinnerungsbild	78
Erntedankaltar	38
Erntedankfeier	37
erste Schultag, Der	91
Erzähl mir eine Geschichte!	106
Essen als Familienritual	67
Essen in anderen Ländern	67
Essen, Rituale nach dem	64
Essen, Rituale vor dem	62
Esskultur fördern	64
Familie, Rituale für die	108
Familienrituale zum Geburtstag	92
Familienwand	107
Fantasie-Schimpfen	117
Fastenrituale	66
Fastentreppe, Die	52
Fastenzeit vor Ostern	51
Fest der Kulturen	60
Festes Halten bei Ungehaltensein	116
Freitag, Rituale für den	32
Freitagscafé	32
Freitagsgemütlichkeit	111
Friedensangebote am Abend	20
Friedensort	122
Frühjahrs-Putz-Ritual	50
Frühling begrüßen, Den	49, 50
Frühlingsrituale	49
Frühlingszeit ist Pflanzzeit	50
Frühstücksbesuch	105
Frühstücksrituale	31
Fünf-Uhr-Tee	108
Gartentag	57
Geburtstag im Kindergarten	93
Geburtstagsfest	92
Geburtstagskalender	89
Geburtstagslieder	94
Gelassenheit üben	102
Genesungsfest	109
Gewitterimprovisation	118
Glückwünsche	94
Grabbeigaben gestalten	76
(Groß-)Eltern-Kind-Spielenachmittag	107
Gruppenbuch	107
Gruß an die Sonne (Yoga)	27
Guten Morgen! Weckrituale	12
Haustierbeerdigung	77
Heilung unterstützen	109
Herbstrituale	36
Herzensrunde	97
In den Körper spüren	118
Interkulturelles Büfett	61
Jahreszeitenrunde	33
Jahreszeitentisch	35, 39
Kaurituale	65
Kerzenmeditation	41
Kerzenmeditation (Yoga)	82
Kindergartenbegrüßungstag	90
Kinderkonferenz	104
Kinderteam, kleines	104
Kinderyoga	80, 88
Kleiderstraße	13
Kleines Perlenritual	29
Kleines Schlafritual am Mittag	15
Kompliment verschenken, Ein	84
Komm, wir suchen den Frühling (Sommer, Herbst, Winter)!	34
Kostproben	66
Kraftrituale aus dem Kinderyoga	116
Kranksein und Gesundwerden begleiten	97, 109
Krippe, Die wachsende	45
Kühlender Atem (Yoga)	82, 120
Kuscheltieratmung (Yoga)	81
Licht entzünden, Ein	78
Lichtspirale	42
Lockrituale	66
Löwe (Yoga)	82
Löwenkinderkraftmassage	88
Magische Rituale	87, 120
Magisches Alter und zauberhafte Rituale	86
Malritual	118
Mandalas legen oder ausmalen	14
Märchen in der Muttersprache lesen	106
Martinsfest	42
Mittagsruhe	14
Mitte gestalten, Eine	58
Mittwoch-Lena-Lasagnetag	67
Montagmorgen, Erzählen vom Wochenende	26
(Montag-)Morgenkreis	24
Morgengruß (Yoga)	27
Mut in Ernstsituationen	86

Mut machen	85
Namenstag	92
Nasenlochatmung (Yoga)	82
Nein, Umgang mit dem	114
Nikolaus	45
Opferfest	56
Orte der Besinnung schaffen	58
Ort für den Frieden	122
Osterfeuer	54
Osterfrühstück	54
Osterkerzen	54
Ostern	53
Osternest	53
Osterrituale	53
Osterspaziergang	54
Osterwerkstatt und Osterrituale	53
Patenschaft	90
Pinnwand	107
Projekte als Rituale	100
Rakete	93
Ramadan	55
Ramadanfest	56
Redestab oder -stein	25
Rohrpost	107
Rollenspiele	98
Rollentauschrituale	98
Rosenmitte	75
Schatz erkennen, Den	78
Schatzsuche durch den Kindergarten	90
Schulanfang	91
Schultüte, Die	91
Schutzsteine	103
Seelentrostbilder	76
Singen als kraftvolles Ritual	22
Sommerrituale	57
Soziale Regeln	102
Spaghettientspannung (Yoga)	81
Sternschnuppenzeit	57
Sternsingen	48
Stillekiste	14
Stimme	117
Stimmungsbarometer	108
Tauschritual, Süßes	65
Teilen	99
Tiermotto	102
Tischgestaltung als Einladung	63
Tischsprüche	64
Tod	74
Träume erzählen, Ausgedachte	12
Träume erzählen und malen	12
Träume gut zu Ende führen, Schlechte	13
Traumreise erzählen, Eine	15
Trostkästchen	75
Trostwolke (Yoga)	81
Übergaberitual	72
Überraschungswichtelei	46
Vergänglichkeit	73
Versöhnungsrituale	121
Vertrauter Gegenstand	70
Vom Wochenende erzählen	26
Vorlesen als Ritual	105
Vulkan (Yoga)	82
Wahlsteine	103
Wandzeitung	107
Warme Dusche	93
„Was ich kann" – Ein Ritual zu den Stärken	84
Weihnachtliche Erzählrunde	47
Weihnachtliches Auspackritual	47
Wertschätzung zeigen und Stärken benennen	84
Wichteln	46
Wichteln für Tiere	46
Wiederannäherung	121
Winterrituale	39
Winterschlafweckmassage	50
Winter verjagen, Den	49
Wir begrüßen das neue Jahr	48
Wochenendplanung	110
Wochengestaltung	23, 29
Wochenplanung	26
Wochenrückblick im Morgenkreis	32
Wochentage, Gestaltung der	30
Wohlfühlfarbe (Yoga)	81
Wonniges Wecken	111
Wunschbaum	46
Wut	112
Wut Gehör verschaffen, Der	117
Wut in Bewegung bringen, Die	116
Wut mit Humor zu Leibe rücken, Der	119
Wutritual mit Ton	119
Wut sichtbar machen, Die	118
Wut zur Sprache bringen, Die	113
Wutteigtaschen	120
Yoga mit Kindern	80
Yoga vor dem Einschlafen	20
Zauberhafte Rituale	86
Zaubertrank	88
Zuckerfest im Kindergarten	56
Zum runden Geburtstag	92

Rezepte

Bratäpfel	36
Erntesuppe	38
Glückskekse backen, Chinesische	94
Kinder-Punsch	36
Lebkuchenhaus	40
Osterwecken als Sonnenzeichen	53
Schokopralinen	93
Sesamkringel	31
U-Boote, Herzhafte	61
Wutteigtaschen	120
Zaubertrank	88

Basteln

Duftkissen mit Kräutern	16
Hasennest	53
Kalender als Ritual zur Jahresrückschau	40
Käseschachtelbongo	49
Laminierte Sets	63
Laternen	41
Moosgärtchen	40
Mutmach-Schutzwesen	87
Nusskette	43
Osterwerkstatt	53
Ramadanlaternen	55
Schatzkästchen, Persönliches	84
Schneeleuchten	42
Schutzengel	15
Sorgenpüppchen	17
Stempel, Persönlicher	102
Traumfänger der Indianer	16
Wahlsteine	103
Weihnachtskarten, Zauberhafte	40
Weihnachtswerkstatt	40
Winterlichter	42
Zauberstab	87

Lieder

Guten Morgen	25
Ich schenk dir einen Regenbogen	72
Wo schlafen Bärenkinder	19

Literaturhinweise

Verwendete und weiterführende Literatur zu den einzelnen Kapiteln

Traumzeiten
Anthony Browne (2006): *Matti macht sich Sorgen*. Oldenburg: Lappan Verlag.
Sybille Günther (2002): *Snoezelen. Traumstunden für Kinder*. Münster: Ökotopia-Verlag. CD von Ralf Kiwit: Musik zur Entspannung und Gestaltung von Traumreisen.
Sabine Seyffert (2006): *Komm mit ins Regenbogenland. Phantasiereisen, Entspannungsrätsel und Gute-Nacht-Geschichten*. München: Kösel Verlag. Auch als CD erhältlich.
Sabine Seyffert, Svetlana Loutsa (2006): *Träume voller Sonnenschein. Entspannungsgeschichten und Spiele für Kinder ab 3*. Würzburg: Edition Bücherbär, Arena-Verlag. *Entspannungsgeschichten und Spiele* (CD)
Sophie Härtling (2000): *24 Gutenachtgeschichten zum Vorlesen*. Frankfurt a.M.: Fischer Verlag.

Vom Montagmorgenkreis zum Freitagscafé
Rae Pica (2005): *Vom Morgenkreis zum Abschiedslied Themen- und Methodenübergänge ohne Chaos*. Mühlheim: Verlag an der Ruhr.
Peter Thiesen (2000): *Das Montagsbuch. Ein Spiel- und Ideenbuch für den Kindergarten, Schule und Familie*. Weinheim, Basel: Beltz.

Jede Jahreszeit ist ein Geschenk
Monika Hofmann, Rolf Roßteuscher (2001): *Geschenke des Himmels. Kleine Kinder und ihre Eltern entdecken die Wunder des Lebens*. München: Kösel-Verlag.
Christa Holtei, Tilman Michalski (2005): *Das große Familienbuch der Feste und Bräuche*. Düsseldorf: Patmos Verlag.
Christiane Kutik, Eva-Maria Ott-Heidmann (1991): *Das Jahreszeitenbuch*. Stuttgart: Verlag Freies Geistesleben.
Beate Schaller (2000): *Unsere Welt ist voller Wunder. Mit Stilleübungen durch das Kindergarten-Jahr*. München: Kösel-Verlag.
Birgitte vom Wege, Mechthild Wessel (2005): *Das Aktionsbuch. Feste, Bräuche, Rituale*. Freiburg i. Br.: Herder Verlag.

Mahlzeiten sind kostbare Begegnungen
Hans-Jürgen Netz (2000): *Wo kommt die Schokolade her? Mit Kindern die „dritte" Welt entdecken*. Offenbach/M.: Burckardthaus-Laetare-Verlag.
Brigitte vom Wege, Mechthild Wessel (2002): *Das große Ernährungsbuch für KiTa und Kindergarten*. Freiburg i.B.: Herder Verlag.

Abschied nehmen, trauern und Trost finden
Jorgos Canacakis (2006): *Ich sehe deine Tränen. Lebendigkeit in der Trauer*. Stuttgart: Kreuz Verlag.
Willi Everding (2006): *Wie ist es tot zu sein? Tod und Trauer in der pädagogischen Arbeit mit Kindern*. Freiburg i.B.: Herder Verlag.
Daniela Tausch-Flammer/ Lis Bickel (1994): *Wenn Kinder nach dem Sterben fragen. Ein Begleitbuch für Kinder, Eltern und Erzieher*. Freiburg i. Br.: Herder Verlag.

Yoga mit Kindern
Ursula Karven (2005): *Sina und die Yogakatze*. Hamburg: Rowohlt Verlag.
Sabina Pilguj (2002): *Yoga mit Kindern*. Berlin: Urania Verlag.
Petra Proßowsky (1999): *Hokus Pokus Asana. Yogaspiele für jeden Monat*. Braunschweig: Aurum Verlag.

Kinderbücher
Susanne Held (2006): *Vorlesen oder die Kunst, Bücher in Kinderherzen zu schmuggeln*. Stuttgart: Klett-Cotta Verlag.

Wertschätzung macht Mut
Sylvia Schneider (2002): *Das Stark-mach-Buch*. Freiburg i. Br.: Christophorus im Verlag Herder.
Petra Stamer-Brandt (2004): *Stark-mach-Spiele*. Freiburg i. Br.: Christophorus im Verlag Herder.

Gemeinschaft entwickeln
Monika Murphy-Witt (2005): *Ich allein und wir gemeinsam. Wie Kinder lernen, fair miteinander umzugehen*. Freiburg i. Br.: Christophorus-Verlag.

Sybille Günther (2006): *In Projekten spielend lernen. Grundlagen, Konzepte und Methoden für erfolgreiche Projektarbeit in Kindergarten und Grundschule.* Münster: Ökotopia-Verlag.

Margret Nussbaum (2005): *Die schönsten Familienrituale. 111 Rituale durchs ganze Jahr.* Freiburg i. Br.: Christophorus-Verlag.

Von der Wut, vom Neinsagen und Versöhnen

Cornelia Nitsch (2000): *Der kleine Wüterich. Spiele und praktischer Rat gegen Aggression und schlechte Laune.* München: Mosaik Verlag.

Cornelia Nitsch (2005): *Starke Kinder sagen Nein. Wie ihr Kind selbstbewusst durchs Leben geht und sich besser vor Gefahren schützen kann.* München: Droemer/Knaur.

Gisela Preuschoff (1999): *Wenn Kinder die Wut packt.* Freiburg i. Br.: Herder.

Für die interkulturelle Arbeit

Ines Balcik (2002): *Dreißig und ein Tag. Mit Nasreddin Hodscha durch den Ramadan.* Florstadt: Kandil-Verlag.

Jeremy Brooks (2005): *Gebete der Welt.* Düsseldorf: Patmos Verlag.

Dietmar Böhm, Regine Böhm, Birgit Deiss-Niethammer (1999): *Handbuch Interkulturelles Lernen. Theorie und Praxis für die Arbeit in Kindertageseinrichtungen.* Freiburg i. Br.: Herder-Verlag.

Cordula Pertler, Eva Reuys (2004): *Türkische Wochen – Türk Hafta Iari.* München: Don Bosco Verlag.

Christa Preissing, Petra Wagner (Hrsg., 2003): *Kleine Kinder – keine Vorurteile? Interkulturelle und vorurteilsbewusste Arbeit in Kindertageseinrichtungen.* Freiburg i. Br.: Herder-Verlag.

Michaela Ulich, Pamela Oberhuemer, Monika Soltendieck (2005): *Die Welt trifft sich im Kindergarten. Interkulturelle Arbeit und Sprachförderung in Kindertagesstätten.* Weinheim, Basel: Beltz.

Amt für multikulturelle Angelegenheiten der Stadt Frankfurt am Main (Hrsg., 2000): *Feste der Völker – ein pädagogischer Leitfaden.* Frankfurt am Main.

Monika und Udo Tworuschka (1999): *Wie andere leben – was andere glauben. Der Islam Kindern erklärt.* München: Gütersloher Verlagshaus.

Empfehlungslisten Bücher und Spiele für die interkulturelle Arbeit

Verband binationaler Familien und Partnerschaften, iaf e. V. Kontaktstelle Tübingen (2005; Hrsg.): *Für alle Kinder. Eine Empfehlungsliste mit Büchern, Spielen und Materialien zur interkulturellen Bildung für Kinder im Vor- und Grundschulalter.* Tübingen.

Verband binationaler Familien und Partnerschaften, iaf e. V. NRW (2005; Hrsg.): *WeltkinderSpiele. Empfehlungsliste Interkulturelle Materialien und Ideen für den Alltag mit Kindern.* Bonn.

Hilfreiche Internetseiten

www.kindergarten-heute.de
www.familien-handbuch.de
www.kindergartenpaedagogik.de
www.quantara.de
www.rg-islam.de
www.fke-do.de (Forschungsinstitut für Kinderernährung)
www.dge.de (Deutsche Gesellschaft für Ernährung)
www.il-canto-del-mondo.de: Information über Singen allgemein und das generationsübergreifende Singpatenprojekt Canto elementar (SeniorInnen singen regelmäßig mit Kindergartenkindern und ErzieherInnen).

Die Autorinnen

Christel Langlotz, Dipl. Kulturpädagogin, studierte Religionswissenschaft, Kunst und Erwachsenenbildung. Sie ist als Dozentin an verschiedenen Bildungseinrichtungen sowie als freischaffende Künstlerin auch in Kunst- und Kulturprojekten in Hamburg tätig. Als ausgebildete Yogalehrerin unterrichtet sie Erwachsene und Kinder in Kindergärten und Schulen. Rituale spielen sowohl in ihrer privaten Alltagsgestaltung als auch in der künstlerischen und pädagogischen Tätigkeit eine wichtige Rolle. Dabei liegt ihr die formgebende Kraft der Rituale in Verbindung mit Körperarbeit, Schulung der sinnlichen Wahrnehmung und künstlerischem Gestalten besonders am Herzen. Kontaktadresse für Seminare, kulturpädagogische Projekte für Kinder, Fortbildungen für ErzieherInnen und GrundschullehrerInnen und für Hinweise zu ergänzenden Ritualen:
christel.langlotz@online.de
www.skulptur-form-ritual.de

Bela Bingel studierte Sozialpädagogik, Soziologie und Psychologie. Sie lebt und arbeitet in Berlin als Dozentin für Soziale Arbeit, Jugendhilfe und Gemeinwesenarbeit. Liebevolle und hilfreiche Rituale haben für sie im alltäglichen Leben einen hohen Stellenwert. Bela Bingel ist Mitautorin von „Was glaubst Du denn?", Ökotopia-Verlag.

Die Illustratorin

Vanessa Paulzen, Jg. 1970, Studium Kommunikationsdesign an der Universität Essen mit Schwerpunkt Grafik/Illustration. Illustrationen für zahlreiche Bücher, im Ökotopia Verlag u. a. aus den Reihen „Kinder spielen Geschichte" und „Auf den Spuren fremder Kulturen". Vanessa Paulzen lebt in Düsseldorf und ist neben ihrer Arbeit als Grafikerin auch als freie Künstlerin tätig.

Der Fachverlag für gruppen- und spielpädagogische Materialien

Ökotopia Verlag und Versand

Fordern Sie unser kostenloses Programm an:

Ökotopia Verlag
Hafenweg 26a · D-48155 Münster
Tel.: (02 51) 48 19 80 · Fax: 4 81 98 29
E-Mail: info@oekotopia-verlag.de

Besuchen Sie unsere Homepage! Genießen Sie dort unsere Hörproben!

http://www.oekotopia-verlag.de
und www.weltmusik-fuer-kinder.de

Monika Rosenbaum, Barbara Schlüter
Kindern den Frieden erklären
Krieg und Frieden als Thema in Kindergarten und Grundschule
ISBN (Buch): 978-3-936286-64-9
Shalom-Salam-peace4kids
ISBN (CD): 978-3-936286-65-6

Elke Schlösser
Zusammenarbeit mit Eltern – interkulturell
Informationen und Methoden zur Kooperation mit deutschen und zugewanderten Eltern
ISBN: 978-3-936286-39-7

Petra Hinderer, Martina Kroth
Kinder bei Tod und Trauer begleiten
Konkrete Hilfestellungen in Trauersituationen für Kindergarten, Grundschule und zu Hause
ISBN: 978-3-936286-72-4

Michi Vogdt
Helau, Alaaf und gute Stimmung
Von Karneval bis Fassenacht: Kinder feiern mit Tröten, Masken, Kostümen und tollen Spielen
ISBN (Buch): 978-3-936286-31-1
ISBN (CD): 978-3-936286-32-8

Michi Vogdt
Hallo Halloween
Schaurige Kostüme, unheimliche Spiele, Raumdekos, coole Lieder und Tänze für Gruselpartys
ISBN (Buch): 978-3-936286-27-4
ISBN (CD): 978-3-936286-28-1

A. Erkert, H. Lindner
Feste feiern & gestalten rund um die Jahresuhr
Mit zahlreichen Spielaktionen, Dekorationen, Rezepten und Planungshilfen
ISBN (Buch): 978-3-936286-68-7
ISBN (CD): 978-3-936286-69-4

Sybille Günther
Lichterfeste
Spiele, Lieder, Tänze, Dekorationen und Rezepte für Feiern und Umzüge in der Lichterzeit
ISBN (Buch): 978-3-936286-66-3
ISBN (CD): 978-3-936286-67-0

Bernhard Schön, Gisela Walter
Weihnachtliche Feste anders gestalten
Spielerische Aktivitäten, Lieder, Geschichten, Infos und Planungshilfen
ISBN (Buch): 978-3-936286-48-9
ISBN (CD): 978-3-936286-49-6

Johanna Friedl
Heute spiel'n wir mal allein
Spiel- und Bastelanregungen zur Selbstbeschäftigung für drinnen und draußen - ein Ideenbuch
ISBN: 978-3-936286-15-1

Unmada Manfred Kindel
Wunderwasser
Singen kann doch jeder
Lieder, Tänze, Spiele und Geschichten aus dem Kinderwald
ISBN (Buch): 978-3-931902-65-0
ISBN (CD): 978-3-931902-66-7

Günter Denkler
Tänze für 1001 Nacht
Geschichten, Aktionen und Gestaltungsideen für 14 Kindertänze
ISBN (Buch inkl. CD): 978-3-925169-82-3
ISBN (Buch): 978-3-925169-86-1
ISBN (MC): 978-3-925169-83-0

Sybille Günther
Frühlingsluft und Sonnentanz
Kunterbunte Festaktionen vom Winteraustreiben bis zur Sommersonnenwende
ISBN (Buch): 978-3-936286-79-3
ISBN (CD): 978-3-936286-80-9